中国文化发展指数研究

主编◎张凤琦 罗锐华

中国社会科学出版社

图书在版编目(CIP)数据

中国文化发展指数研究／张凤琦，罗锐华主编．—北京：中国社会科学出版社，2018.12

ISBN 978-7-5203-3611-6

Ⅰ.①中…　Ⅱ.①张…②罗…　Ⅲ.①文化发展—指数—研究—中国
Ⅳ.①G12

中国版本图书馆 CIP 数据核字(2018)第 265875 号

出 版 人　赵剑英
责任编辑　冯春凤
责任校对　张爱华
责任印制　张雪娇

出　　版　中国社会科学出版社
社　　址　北京鼓楼西大街甲 158 号
邮　　编　100720
网　　址　http：//www.csspw.cn
发 行 部　010-84083685
门 市 部　010-84029450
经　　销　新华书店及其他书店

印　　刷　北京君升印刷有限公司
装　　订　廊坊市广阳区广增装订厂
版　　次　2018 年 12 月第 1 版
印　　次　2018 年 12 月第 1 次印刷

开　　本　710×1000　1/16
印　　张　12.25
插　　页　2
字　　数　171 千字
定　　价　58.00 元

目　录

绪　论

发展指数，是衡量某一领域发展状况的定量描述和分析比较工具。文化发展指数研究或与文化发展相关的指数研究，是20世纪80年代以来人们对经济社会发展观念发生重大转变的产物。中国文化发展指数体系是中国文化强国目标在区域层面的具体化与数量化。中国文化发展指数是用以衡量中国文化发展状况的定量描述和分析比较工具，它涵盖文化发展的主要方面，对一定时期内中国文化发展总体水平和特定区域文化发展状况作出评价。中国文化发展指数的概念、指数模型、具体指标阐释和指标体系的测度方法等，都是其研究的主要内容。

一　研究背景和目的

国外对文化发展指数发展研究发端源于联合国开发计划署提出的人文发展指数（HDI）。尽管该指数不是真正意义上的文化发展指数，但由于它强调人类发展的整体性、内生性和综合性，第一次将识字率和受教育年限纳入人类发展评价范畴，从而开启了人类发展理论新模式，使对文化发展状况的评估开始进入人们的研究视野。法国人弗朗索瓦（Francois Matarasso）的《建立一个地区文化发展指数》（1999年）是目前文化指数研究较为重要的理论成果之一，该指数虽基于“社区”的概念来讨论地区文化发展状况，但其中关于文化发展表现的多种具体指标值得关注。美国卡内基梅隆大学理查德·佛罗里达（Richard Florida）所创建的创意指数

(CI) 及其与泰内格莉 (Irene Tinagli) 合作提出的欧洲创意指数 (ECI), 是近年来最为引人注目的与文化发展相关的指数研究成果, 被许多国家和地区普遍接受, 并引发了美国、香港、上海等地跟进研究类似的区域创意指数。尽管这些指数主要针对创意产业, 但理查德·佛罗里达所设立的 "3Ts" 模型, 即技术 (Technology)、人才 (Talent)、包容性 (Tolerance), 在方法和理论上具有较好的借鉴意义。欧盟采用定性方法构建了文化评估目标层次模型, 经济合作与发展组织运用数学模型对文化发展进行了定量评估。

与国外研究背景相同, 国内文化发展指数的研究, 主要源于中央关于科学发展观的提出。在科学发展观的统领下, "以人为本" 和 "全面协调可持续" 的发展观深入人心, 文化发展问题也因此受到前所未有的重视, 国内各种关于文化发展的研究方兴未艾。但是, 对文化发展给予数量化和统计学解读, 在我国是一种新的尝试。2004 年国家统计局率先推出文化产业统计标准《文化产业及相关产业分类》, 尽管其所作分类尚存争议, 但为近年来我国文化产业的研究提供了重要依据。2009 年中国人民大学文化创意产业研究中心发布了《中国省市文化产业发展评价体系》; 2008 年前后, 河南和江苏分别组织研究团队先后推出了《文化强省内涵与指标体系研究》和《江苏文化强省指标体系研究》。在国内的相关研究中, 上海艺术研究所的《上海城市文化发展指标体系研究》(2005 年) 和上海文化研究中心的《上海城市文化发展指数》(2008 年), 浙江省委宣传部、省统计局编制的《2014 年浙江省文化发展指数》是目前综合性较为突出的区域文化发展指数研究成果。此外, 一些相关研究如倪鹏飞牵头的《中国城市竞争力报告》系列, 袁卫和彭非主持的《中国发展指数 (RCDI) 编制研究报告》、中国城市竞争力研究会的《GN 中国城市综合竞争力评价指标体系》等, 都不同程度涉及文化发展评价指标问题。2007 年, 程前昌对我国近十年的人口文化素质进行了定量与定性分析。他提出的人口文化素质指数的主要指标包括：人口的教育程度构成、在校大学生占总人口的比重、中小学入学率、平均受教育年限、科技人员占总人口的比重等。

目前我国的文化发展指数主要有三个类型：第一类，各种文化发展战略研究。诸如各省市自治区文化发展战略研究、文化产业发展战略研究、文化竞争力发展战略研究、影视发展战略研究、网络游戏产业发展战略研究和新媒体发展战略研究；第二类，以研究报告的形式对我国文化发展进程中一系列重大问题进行跟踪性的动态研究；第三类，运用统计学或数量分析方法，尝试构建文化发展评价体系。毫无疑问，上述研究成果在如何准确、客观、科学分析文化发展状况，建立文化发展指标体系和分析工具方面进行了积极而有益的探索。但是，这些成果或研究对象和范围偏于一隅，或指标设置和数据获取缺乏可比性，存在种种局限性。迄今为止，尚未建立能够全面、客观、科学地反映和评价我国文化发展状况的评价体系。当今文化已经成为综合国力和软实力的重要体现，为促进我国政治、经济、社会、文化和生态的协调发展，通过深入研究我国文化发展的特点、规律和基本要素，建立中国文化发展的统计性框架和分析工具，无疑具有重要的理论意义和实践意义。

二　文献综述

对于文化发展指数的相关研究，无论是国外还是国内起步都比较晚。近年来无论是在学术层面的理论研究还是实践层面的应用探索，都进入了自觉开展和不断丰富的时期。

目前有三个指数研究在全世界范围内比较有影响力：一是联合国社会发展研究所和教科文组织的《针对文化和发展的全球性报告：建立文化数据和指数》（1997 年）；一个是贝克（Backer）的《地区文化发展的衡量和指数》（2002 年）；还有一个是理查德·佛罗里达（Richard Florida）和泰内格莉（Irene Tinagli）构建的“欧洲创意指数”（ECI）（2010 年），它被国际社会尤其是亚洲国家普遍接受。

联合国人类发展指数（Human Development Index，HDI），又被译为“人文发展指数”。HDI 只选取了三个指标作为最终人类发展指数的计算因子，即预期寿命指数、教育指数及 GDP 指数。HDI 规定了各指标的最高与最低阈值，各指标具有同等的权重。人文发展指数计算容易，比较简单，适用于不同人群。与优点相比，其缺陷也比较明显，由于指标较少，虽然对一个国家或者地区的健康水平、教育水平和生活水平可以较为精确的表达，但是无法全面反映一个国家或者地区全面的人文状况。而且在计算上也存在技术方法不合理的缺点。

2010 年，西方学者理查德·佛罗里达（Richard Florida）提出“欧洲创意指数”（ECI）。佛罗里达揭示了区域性经济增长建立在“3T”的基础之上，即技术（Technology）、人才（Talent）以及包容性（Tolerance）。① 理查德·佛罗里达和泰内格莉将“3T”架构应用于欧洲地区，提出了“欧洲创意指数”，该指数被国际社会尤其是亚洲国家和地区普遍接受，引发了美国、香港等国家和地区跟进研究区域创意指数。

丹麦的《文化与发展——战略和指导方针》（*Culture and Development—Strategy and Guidelines*），从文化的内涵、价值、作用、意义等方面，对文化与社会政治经济的全面发展的联系做了详细的说明，并对文化发展进程中所需条件、环境及文化交流等作出了具体的规定。它对“文化”的理解，是基于“大文化”的概念。

英国主要对创意产业进行了大量的基础研究，特别是 2004 年发布的《创意产业经济评估》，公布了英国创意产业产出、出口、就业等统计数据，介绍了产业的发展现状。为英国政府制定创意产业政策提供了完整的信息支持。

法国通过 1995 年发布的《领土整治和发展法》，设立文化发

① ［美］佛罗里达：《创意阶层的崛起》，司徒爱勤译，中信出版社 2010 年版。

展区。文化发展区的关键词是“发展”，这是广义上的人类发展，包含经济、社会、文化等内容，特别强调发展的可持续性以及真正契合民众需要，将人类发展的理念贯穿于文化区的各个环节。

日本政府1995年提出《新的文化立国目标——当前振兴文化的重点和对策》报告，开启了文化立国战略的初步设想，1996年的《21世纪文化立国方案》，标志着日本“文化立国”战略的正式提出。该方案提出了文化的六大发展重点领域和一系列文化政策。

国内影响力较大的文化发展相关指数主要有：一是2004年香港特区政府委托香港大学文化政策研究中心研究香港创意指数，为香港创意指数“设计一个框架”。同年11月，有关成果以《香港创意指数研究》为题发表，其最大亮点是最终形成了自己独特的“5C”模型。即创意的成果、结构及制度资本、人力资本、社会资本和文化资本。但必须指出，创意指数和创意产业只是文化发展的一部分，所以，我们也只能将其作为文化发展指数中的有益参考。二是2004年国家统计局推出的文化产业统计标准《文化产业及相关产业分类》。因其分类争议性较大，2012年国家统计局对2004版作出了修订，出台了《文化及相关产业分类（2012）》。这是国内文化相关指数体系最具代表性的政策性成果。三是2009年中国现代化战略研究课题组和中国科学院中国现代化研究中心推出的《中国现代化研究（2009）——文化现代化研究》（北京大学出版社，2009年1月版）。从国际比较视野，对文化现代化的定量评价进行了研究，提出了“文化现代化水平评价”“文化竞争力评价”和“文化影响力评价”三大评价指标体系。尽管该评价体系着眼于国家之间的文化现代化水平比较研究，但在研究方法、体系构建和指标设置等方面，无疑提出了许多带有普遍性和规律性的问题，对中国文化发展指数体系的构建具有较好的借鉴意义。四是2009年中国人民大学开始发布中国文化产业指数。该指数由综合指数、生产力指数、影响力指数和驱动指数构成。

另外，部分省市也先后推出了针对本地区进行评价的发展指数，如上海城市文化研究中心先后推出了《上海城市文化发展指数》（2008 年）和《上海城市文化发展指标体系研究》（2010 年）。其中，“上海城市文化发展指数”从公共文化、文化产业、文化市场、文化创新、社会环境 5 个方面 42 项指标，对城市文化发展状况进行评价。而《上海城市文化发展指标体系研究》则将文化发展分为“文化环境发展体系”和“文化产业发展体系”，前者由政府投入、教育环境、法制环境、信息化程度、国际化程度 5 个方面 17 项指标来进行反映，后者由总量规模、人力资本、发展水平、经济效益、消费水平、对国民经济贡献率 6 个方面 22 项指标进行评价。此外河南省社会科学院课题组的《文化强省内涵与指标体系研究》（《中州学刊》2008 年第 1 期）、宋宏的《建设文化强省：内涵、逻辑与评价》（《学术界》2010 年第 10 期）也颇具影响力。

有学者从文化发展战略角度开展了文化发展指数相关研究，诸如各省市文化发展战略研究、文化产业发展战略研究、文化竞争力发展战略研究、影视发展战略研究、网络游戏产业发展战略研究和新媒体发展战略研究，等等。李昆明在《通向大国之路的中国文化发展战略》（人民日报出版社，2009 年）中指出，我国的文化发展战略目标就是到 2050 年建成文化强国，对城市文化和农村文化建设要统筹兼顾，在公共文化服务基础设施上向中西部和广大农村倾斜，在发展文化产业方面，各地区采取不同的发展模式。齐勇峰在《中国文化发展战略与公共财政研究》（中国经济出版社，2014 年）指出，文化发展战略作为国家发展战略的一个有机组成部分，文化发展战略目标能够为实现国家发展战略目标起到积极、能动和支撑作用。文化强国应该有以下 5 个表现：一是全社会文化创新潜力充分激活；二是文化产业规模大幅提升，竞争力显著增强；三是有宏大的人才队伍；四是国际文化交流广泛深入、形式多样；五是国家软实力大幅提高。此外，在学界比较有影响力的研究还包括：

张凤琦的《新时期文化发展战略的演变》（《当代中国史研究》2009 年第 3 期）、杨立新和王丽的《文化发展战略要素及其策略选择》（《天津大学学报·社会科学版》2007 年第 1 期）、谭志云的《城市文化软实力的理论构架及其战略选择》（《学海》2009 年第 2 期），等等。

三　本书的基本框架和主要观点

本书由绪论和正文七章组成。

第一章“中国文化发展指数理论研究”，从国内外文化发展指数研究综述，文化概念、内涵及其演变，中国文化发展概念及其演变三个部分对中国文化发展指数的理论进行了分析研究，对一些重要概念，诸如“文化”“文化发展”“中国文化发展指数”等进行了较深入的研究和界定，为本书的撰写作了必要的理论铺垫。

第二章“中国文化发展政策分析”，通过对新中国成立以来，中国共产党对文化发展政策的价值取向、目标任务、战略重点、重大措施的分析，认为我国文化政策大体经历了阶级斗争逻辑取向的文化政策时期、精神文明取向的文化政策时期、文化资本化取向的文化政策时期、和谐发展取向的文化政策时期和中国特色社会主义文化时期，特别对十八大以来新时代中国特色社会主义文化思想的主要内容和时代特征进行了理论探索。

第三章“建立中国文化发展指数体系的意义和作用”，通过对中国文化发展指数体系构建的意义和作用的阐释，论证了中国文化发展指数体系的重要性。

第四章“国内外文化发展相关指数研究及借鉴”，对欧洲创意指数、香港创意指数、中国文化现代化指数、中国省市文化产业发展指数进行了分析，并从指标构成、数据获取渠道、权重比例、理论依据 4 个方面对 4 个文化创意指数进行比较。其结论是理论基础扎实决定指标体系的科学性；关键指标选择决定指标体系的准确性；数据来源的权威性、可获得性决定指标体系的可比性；指标体系方法研究的科学性决定指标体系的完整性。

第五章“中国文化发展指数体系及测度方法”，根据合法性、科学性、全面综合性、可操作性四大原则，基于一定的理论基础，我们选择从公共文化服务、文化产业与文化市场、文化环境、文化影响力4个维度去评价各个省区市的文化发展状况，涵盖了文化事业、文化产业、文化市场、文化环境和文化影响力等方面，是对“中文化”圈层进行的较为全面的概括和分析。本章对指标选取标准及相关参照指标和各指标所反映内涵进行了技术性说明；并对测度方法进行了解释。由于中国文化发展综合评价既是对发展状态的评价，也是对发展趋势的评估，单独某一种方法很难适用于中国文化发展综合评价，所以采用多指标综合评价方法。综合评价的实施由以下几个步骤组成：定性指标的量化、指标标准值的确定、指标的无量纲处理、权重赋值及综合指数计算方法。

第六章“中国文化发展指数实证分析”，根据中国文化发展指数（CCDI）的构建方法，使用2015年相关统计数据（个别数据除外），对2014年我国31个省级行政区的文化发展指数和4个单项指标进行了测算和分析，初步掌握了我国文化发展的总体状况。

第七章“中国文化发展指数研究的未来走向”，在通过对中国文化发展指数研究典型案例的扫描，对当前各种文化指数体系成果评价基础上，中国文化发展指数研究将呈现两大发展走向：一是简单化、精细化、客观化是中国文化发展指数的必然趋势；二是综合化、兼测化、全面化是中国文化发展指数的优化路径。

本书的写作逻辑遵循由理论到实践再到理论的模式。第一章、第二章、第三章、第四章是本书的逻辑起点、理论基础，第五章、第六章的指标体系构建与评估分析，是实践层面的逻辑展开和实证分析，第七章的中国文化发展指数研究的未来走向回到理论层面，是基于实践层面的理论审视和理性预判。

基于以上的逻辑结构，我们认为，随着文化与经济、政治、社会、生态的高度融合，文化的内涵、外延和功能都得到极大扩展，文化是衡量经济社会发展水平和人民生活水平的重要标志，是全面建成小康社会和实现社会主义现代化的重要内容，是一个地区或国家综合实力的重要体现。把文化界定为“软实力”或“文化软实力”或许更为贴切。“中国文化发展指数研究”中的“文化”，主要是从“文化软实力”的角度来加以认识的。“中国文化发展指数”（China Culture Development Index，CCDI）是用以衡量中国文化发展状况的定量描述和分析比较工具，它涵盖文化发展的主要方面，对一定时期内我国文化发展总体水平和特定区域（以省、自治区、直辖市为对象）的文化发展状况进行评价。由于客观系统本身是以某种逻辑体系存在的，人们为揭示客观系统的这种逻辑体系建立了种种理论，因此建立任何一种评价指标体系都必须有科学理论依据，并以其为指导，将理论、方法和实践有机结合起来，才能科学有效地反映评价对象的内在联系。只有完整、系统和有效地反映被评价对象的状况，才是一个科学的指标评价体系。

本书是2011年度国家社科基金西部项目“中国文化发展指数研究”（项目编号：11XGL022）的终期成果。本书的撰写工作由重庆社会科学院的研究人员完成。张凤琦研究员撰写第一章、第五章第一节；罗锐华研究员撰写第二章、第三章、第五章第二节；胡攀副研究员撰写绪论、第四章；吕昕副研究员撰写第五章第三节、第六章第五节、第七章；罗伟副研究员撰写第六章；柯昌波副研究员撰写第五章第四节、第五节。全书由张凤琦研究员、罗锐华研究员统稿。

衷心感谢国家社科基金办、重庆社科联、重庆社科院对“中国文化发展指数”项目研究和本书写作的指导和关心；衷心感谢上海社会科学院蒯大申研究员，四川省社会科学院苏宁研究员，重庆工商大学孟东方教授、陈正伟教授，重庆中国三峡博物馆王川平研究馆员，重庆社会科学院陈澍研究员、蒲奇军研究员对“中国文化发展指数”项目研究和本书写作的大力支持和帮助。

第一章　中国文化发展指数理论研究

第一节　国内外文化发展指数研究综述

一　国外文化发展指数研究

发展指数，是衡量某一领域发展程度的一种数据标准。如果以某一具体时期为基准，以 1 或 100 为基数，使该领域在基准时期产生的原始数据与基数相对应，则基数与基准时期原始数据之比乘以考察时期产生的原始数据，即为该领域在考察时期的发展指数。文化发展指数，是衡量文化发展状况的定量描述和分析比较工具。

文化发展指数研究或与文化发展相关的指数研究，是 20 世纪 80 年代以来，人们发展观发生重大转变的产物，与联合国人类发展报告的问世密切相关。1983 年，联合国推出法国经济学家弗朗索瓦·佩鲁（Francois Perroux）的著作《新发展观》一书，该书第一次把发展观的视角从“物”转向了“人”，提出把人的全面发展作为评价发展尺度和发展目的的观点。在新发展观的影响下，联合国开发计划署从 1990 年开始，每年发表一份不同主题的《人类发展报告》，并在当年的《人类发展报告》中第一次使用了人文发展指数（Human Development Index，简称 HDI，也称作人类发展指数），以综合测量世界各国的人文发展状况。该指数由平均寿命指数（也称健康指数）、教育水平指数（也称文化指数）和人均 GDP 指数（也称生活水平指数）三个单项指数复合组成。指数的取值在 0 和 1 之间，取值越高，人文发展水平越高；取值越低，人文发展水平越低。尽管该指数不是真正意义上的文化发展指数，但由于它强调人类发展的整体性、内生性和综合性，第一次将识字率和受教育年限纳入人类发展评价范畴，从而开启了人类发展理论新模式，使对文化发展状况的评估开始进入人们的研究视野，一些理论构架相继问世。

在国外的文化发展研究中，主要有三种类型的成果。第一，是联合国主导的、具有普适性价值的评价指数系统，以联合国社会发展研究所和教科文组织的《针对文化和发展的全球性报告：建立文化数据和指数》（1997 年）最具代表性。但该指数在指标的选取上遵循“少而精”的原则，只以数个简单的、易获得的数据作为评价标准，虽然具有一定的指导意义，但覆盖面较窄，无法全面反映一个国家（地区）的文化发展水平。

第二，各国制定的文化发展战略。比较著名的，是丹麦的《文化与发展——战略和指导方针》（*Culture and Development—Strategy and Guidelines*），从文化的内涵、价值、作用、意义等方面，对文化与社会政治经济的全面发展的联系做了详细的说明，并对文化发展进程中所需条件、环境及文化交流等，作出了具体的规定。这份报告由丹麦外交部 2002 年发表，获得了普遍的赞誉。但是，它对“文化”的理解，是基于“大文化”的概念，且植根于西方文化的内涵中，将人权等概念纳入文化的范畴，带有一定的政治偏见，加上这本身只是一份政府战略研究，所以也不具有评价文化发展的普适性和可行性。

第三，西方学者提出的一些文化发展指数理论构架。1999 年，英国人弗朗索瓦（Francios Matarasso）提出了“一个地区文化发展指数”的构想，它是基于“社区”的概念来讨论“地区文化”的。该指数由投入指标（机构，基础设施和投资）、产出指标（活动和参与）和结果指标（个人发展、社区发展）3 个一级指标、7 个二级指标和 67 个三级指标构成，用以检验在文化发展过程中政府的责任、市民对文化的参与程度，以及开发社区的艺术价值等。贝克

（Backer）的《地区文化发展的衡量和指数》（2002 年），是西方较为成熟的文化发展评估体系，但理论性强，可操作性不足；Cristina Losito 的《文化与发展：一种新范式》是一项针对文化与政治和公共意识互动的研究，旨在推进"文化政策需要建立一个更广泛的含义，而不是目前对艺术的狭隘关注"，"鼓励多元文化的治理活动"，这是文化发展的一个部分，但非全部。

在近年来国外学者的研究成果中，最值得关注的是理查德·佛罗里达（Richard Florida）和泰内格莉（Irene Tinagli）构建的"欧洲创意指数"（ECI）。2010 年，理查德·佛罗里达发表了《创意阶层的崛起》（*The Rise of the Creative Class*）一书。在书中，理查德·佛罗里达提出了一套完整的、用以评估创意经济的新架构。佛罗里达揭示了创意经济的崛起及其阶层改变使 1950—2000 年间的美国社会发生了转型。他特别关注了在一些地区所出现的创意阶层区域性集中的现象。根据他的"创意中心理论"，创意阶层"更有可能成为经济优胜者"，促进高端就业和经济增长，从而进一步增强区域优势。他的理论阐述了区域性经济增长建立在"3T"的基础之上，即技术（Technology）、人才（Talent）以及宽容（Tolerance）。[①]

理查德·佛罗里达和泰内格莉将"3T"架构应用于欧洲地区，并在分析架构的基础上对中欧、北欧的 14 个国家与美国进行了比较，提出了"欧洲创意指数"（ECI），该指数被国际尤其是亚洲国家和地区普遍接受，引发了美国、香港等地跟进研究类似的区域创意指数。2004 年，香港特区政府委托香港大学文化政策研究中心为香港创意指数设计一个框架。同年 11 月，有关成果以《香港创意指数研究》为题发表，其最大亮点是最终形成了自己独特的"5C"模型。即创意的成果、结构及制度资本、人力资本、社会资本和文化资本。但必须指出，创意指数和创意产业只是文化发展的

---

① ［美］佛罗里达：《创意阶层的崛起》，司徒爱勤译，中信出版社 2010 年版。

一部分，所以，我们也只能将其作为文化发展指数中的有益参考。

二　国内文化发展指数研究

国内关于文化发展的研究主要形式分为三类。

第一类，各种文化发展战略研究。诸如各省市文化发展战略研究、文化产业发展战略研究、文化竞争力发展战略研究、影视发展战略研究、网络游戏产业发展战略研究和新媒体发展战略研究，等等。如：邓显超的《中国文化发展战略研究》（江西人民出版社，2009 年）、张凤琦的《新时期文化发展战略的演变》（《当代中国史研究》2009 年第 3 期）、杨立新和王丽的《文化发展战略要素及其策略选择》（《天津大学学报·社会科学版》2007 年第 1 期）、谭志云的《城市文化软实力的理论构架及其战略选择》（《学海》2009 年第 2 期）等。在发展战略的研究中，中国加入 WTO 后，文化市场和文化产业受到外来文化产品的明显影响，因此，关于文化安全和文化产业发展战略的研究尤为引人关注。其中，主要有《中国国家文化安全论》（胡惠林，上海人民出版社，2005 年 3 月版）、《中国文化产业国际竞争力研究》（祁述裕，社会科学文献出版社，2004 年 8 月版）、《文化产业战略与商业模式》（陈少峰，湖南文艺出版社，2006 年 9 月版）、《文化产业发展战略研究》（朱建纲，湖南教育出版社，2006 年 1 月版）、《通向大国之路的中国文化发展战略》（李昆明，人民日报出版社，2009 年 9 月版）、《文化立国，我国文化发展新战略》（向勇，北京联合出版公司，2012 年 8 月版）、《中国区域文化产业战略定位研究》（王文峰，云南人民出版社，2014 年 6 月版）等，这些成果分别从不同的领域和角度，对“我国文化产业发展战略”中若干战略问题作了比较深入的研究。

第二类，以研究报告的形式对我国文化发展进程中一系列重大问题进行跟踪性的动态研究。这一研究范式，也是近 10 年来我国文化发展研究的一大特点。这些研究大都以各地文化发展蓝皮书为载体，多以地方社科院领衔，组织区域内文化主管部门、相关研究人员按年度对本地区文化事业、文化产业各方面进行概述、分析，比较全面地反映了该地区年度文化发展进程。但是这些报告，由于受制于区域性和地区性局限，系统性欠佳，只能反映该地区的文化发展概况，不能评价和反映全国文化发展水准。

第三类，运用统计学或数量分析方法，尝试构建文化发展评价体系。对文化发展给予数量化和统计学解读，在我国是一种新的尝试。2004 年国家统计局率先推出文化产业统计标准《文化产业及相关产业分类》（国统字〔2004〕24 号），尽管其所作分类尚存争议，但对近年来我国文化产业的研究提供了重要依据。中国现代化战略研究课题组和中国科学院中国现代化研究中心推出的《中国现代化研究（2009）——文化现代化研究》（北京大学出版社，2009 年 1 月版），从国际比较视野对文化现代化的定量评价进行了研究，提出“文化现代化水平评价”“文化竞争力评价”和“文化影响力评价”三大评价指标体系。尽管该评价体系着眼于国家之间的文化现代化水平比较研究，但其研究方法、体系构建和指标设置等方面，无疑提出了许多带有普遍性和规律性的问题，对中国文化发展指数体系的构建具有较好的借鉴意义。此外，上海城市文化研究中心先后推出了《上海城市文化发展指数》（2008 年）和《上海城市文化发展指标体系研究》（2010 年）。其中，《上海城市文化发展指数》从公共文化、文化产业、文化市场、文化创新、社会环境 5 个方面 42 项指标，对城市文化发展状况进行评价。而《上海城市文化发展指标体系研究》则将文化发展分为“文化环境发展体系”和“文化产业发展体系”，前者由政府投入、教育环境、法制环境、信息化程度、国际化程度 5 个方面的 17 项指标来进行反映，后者由总量规模、人力资本、发展水平、经济效益、消费水平、对国民经济贡献率 6 个方面 22 项指标进行评价。2014 年由浙江省委宣传部、省统计局编制发布的“2014 年浙江省文化发展指数”，以 2013 年全省文化发展指数为基准值 100 计算，设定了文化资源支撑力、文化价值引领力、公共文化服务力、文化产业竞争力、区域文化创新力、公众评价六大评价指数。关于文化强省的指标体系研究成果也先后问世，比较有代表性的有：河南省社会科学院课题组的《文化强省内涵与指标体系研究》（《中州学刊》2008 年第 1 期）、宋宏的《建设文化强省：内涵、逻辑与评价》（《学术界》2010 年第 10 期），等等。

以上各指标体系和相关研究的研究成果，对“文化发展”的理解是不一样的，其建立的评价标准也不尽相同。如：安徽、河南的文化评价标准针对“文化强省”，主要探讨如何在把文化做强的同时由文化发展带动社会发展；上海的指数都偏重于文化与经济的联系，特别重视文化发展与经济建设的互动性和关联性。毫无疑问，上述研究成果在如何准确、客观、科学分析文化发展状况，建立文化发展评价指标体系和分析工具方面进行了积极而有益的探索。但是，这些成果或研究对象和范围偏于一隅，或指标设置和数据获取缺乏可比性，存在种种局限性。迄今为止，尚未建立能够全面、客观、科学地反映和评价我国文化发展状况的评价体系。因此，为促进我国政治、经济、社会、文化的协调发展，通过深入研究我国文化发展的特点、规律和基本要素，建立中国文化发展的统计性框架和分析工具，无疑具有重要的理论意义和实践意义。

第二节　文化概念、内涵及其演变

一　文化概念及其内涵

“概念是研究之母”。研究中国文化发展指数，弄清文化究竟是什么及其基本内涵，对于明确我们的研究对象和研究方法是必要的，尽管这是一个见仁见智、至今仍难达成共识的问题。

众所周知，文化概念，堪称人文科学研究领域最难把握和定义的概念之一。人是文化的载体，文化可以说是与人的出现相伴而生的。但是，直到 19 世纪中叶以降，只是随着社会学、人类学和文化学的兴起，文化问题才引起人们的关注和研究。在20世纪，文化概念经历了重要的变化。据说，在1920年之前只有6种文化定义，但到1952年，文化定义已经多达160余个①，文化定义之复杂性可见一斑。由此也说明，由于“文化”内涵极其丰富，外延十分广泛，要对“文化”下一个严格、准确的定义，确实是不容易的。

但是，在中外学者讨论的过程中，一些观点仍不失为代表性，对于认知“文化”及其内涵有诸多裨益。从总体上看，文化的含义主要基于两种基本运用，第一，作为一般词语；第二，作为分析性范畴。

其中，作为一般词语主要是指某些兴趣、活动和成就。如：《牛津现代高级英汉双解语辞典》（1989年版）对文化的定义是：“由于训练和经验，人的身心精神的发展”；“人类社会在人文学科和自然学科以及思想智力发展方面的证据”。《袖珍牛津英语辞典》（1986年版）的解释是：“对文学艺术，音乐的高度发达的理解”。而在《现代汉语词典》（1995年版）中，文化则指“（1）人类在社会历史发展中所创造的物质财富和精神财富的总和，特指精神财富，如文学、艺术、教育、科学等……（2）指运用文字的能力及一般知识”。可见文化作为一般词语主要是指人类的某些兴趣、活动和成就。

作为分析性范畴，对文化概念的人类学解释和社会学解释具有十分重要的标志性意义。在人类学看来，文化是某一特定人群的行为模式。美国人类学家克鲁伯在《今天的人类学》一书中认为：“文化是一整套行为的和有关行为的模式。该模式在某一特定时期

---

① 参见李醒民《论文化的固有特征和研究进路》，《社会科学论坛》2005年第7期。

内流行于某一群体。"[1] 以后，在另一部为世界许多学者引证的专门关于文化定义的著作中，克鲁伯和克拉克洪对文化给出了更为明确的定义："文化由明确的或含蓄的行为模式和有关行为的模式构成。它通过符号来获取和传递。它涵盖该人群独特的成就，包括其在器物上的体现。文化的核心由传统（即历史上获得的并经选择传下来的）思想，特别是其中所附的价值观构成。文化系统一方面是行为的产物，另一方面又是下一步行动的制约条件。"[2] 而社会学家则认为，"文化是在社会交往中直接地和非直接地"学会的，包括至少五个层面：认知层面、信念、价值和规范、符号、行为的非规范方式。[3]

由此可见，在社会学看来，文化是由一套要素构成。而人类学则把文化的各个方面看作是一个有机整体，但社会学家和人类学家都把行为看作是文化概念的主要内涵，人类学家趋向于把行为模式以及与这种行为模式相联系的那些哲学的、伦理的和美学的模式一起加以解读，并且认为这些行为模式在不同的民族社会是不同的，因而从其体现了民族社会个性的角度来研究这些行为模式。而社会学家则更多地是从行为模式对社会关系结构的意义，或者说行为模式所表现出的行为规范上的意义来研究行为模式。尽管两者之间存在差异，但是，文化是一种行为模式，而且民族社会的个性是由不同的行为模式所决定的认识，则是基本一致的。

汉语中，"文"的本义，指各色交错的纹理；"化"，本义为改易、生成、造化；"文"与"化"并联使用，较早见之于战国末年

---

① 克鲁伯编（A Krober ed）：《今天的人类学》（*Anthropology Today*），Chicago：University of Chicago Press，1953年，第536页。转引自何平《中国和西方思想中的"文化"概念》，《史学理论研究》1999年第2期。

② 克鲁伯和克拉克洪（*A. Kroeber & Kluckhohn*）：《文化，对其概念和定义的评述》（*Culture*，*A Critical Review of Concepts and Definitions*），Papers of the Peabody Museum of American Archeology and Ethnology，第47卷第1期，1952年，第181页。

③ 转引自何平《中国和西方思想中的"文化"概念》，《史学理论研究》1999年第2期。

儒生编辑的《易·贲卦·象传》："观乎天文，以察时变；观乎人文，以化成天下"，西汉以后，"文"与"化"方合成一个整词，意思为"以文教化"。王弼在《十三经注疏》中解释"文明以止，人文也；观乎人文，以化成天下"为"止物不以威武而以文明，人之文也……用此文明之道裁止于人，是人之文，德之教"[①]。在《说文解字》中有"礼乐天地之化也"。在汉代，如刘向的文章《说苑·指武》中有："圣人之治天下，先文德而后武功。凡武之所兴，为不服也。文化不改，然后加诛。"在此，文和化作为副词和动词，意指以非武力的方式来教化转变人。至少在晋朝和南齐的文献中，文化已开始被作为词语使用，内涵即包括以非强制性的方式（道德说教）来建立和维持一种政治伦理秩序，也指那些体现了以这种方式建立起来的文明社会的成就和特征，如礼、乐、典章、制度等。例如，"文化内辑，武功外悠"[②]"设神礼以景俗，敷文化以柔远"。[③] 可以看出，文化一词在中国传统文化中，首先是以一个政治道德概念而出现的。它指以非暴力的、非强制性的方式来实现人的社会化，或者说建构一种政治道德秩序。

近代意义上的文化概念在中国的出现是西方概念中国化的产物。也是中国人在认识变化了的世界时，通过创造新概念来概括现实的结果。意指文明的智慧方面或一个民族社会的整个生活方式的西方文化概念，在中国传统文化中并不存在。1840 年后，由于以康有为、梁启超、严复、谭嗣同、章炳麟和王国维等为代表的一代人的坚持不懈的努力，西方思想被大量引进，传统思想分崩离析。中国文化思想发生了天翻地覆的变化。现代化论者，甚至连传统主义者和保守派都开始使用西方概念和观点来审视中国的过去。传入的西方的概念术语被中国化了，而中国语言中的旧词汇的传统含义

---

① 王弼：《十三经注疏》附校勘记，上册，中华书局 1979 年版，第 25 页。

② 束皙：《补亡诗》，"由仪"，见逯钦立辑校：《先秦汉魏晋南北朝诗》，中华书局 1982 年版，第 641 页。

③ 王融：《齐诗》序。

被改造，并被添附上新的含义，新术语被创造出来了。正是在这个过程中，中国古典语言中的文化一词被作为西文 culture 和 Kultur 的对等词。

随着西方文化的传入，中国学术界便开始从人类学意义上理解文化，在梁漱溟、胡适等人的著作和“五四”时期“东西方文化论战”中，文化开始被作为一个民族的生活方式和对环境的适应方式来加以理解。如梁漱溟认为，“文化是人类生活的样子”①。胡适与梁漱溟的解释也基本一致，认为“文化是一种文明所形成的生活的方式”②。

应该说，从 20 世纪 80 年代的文化研究热以来，对文化的人类学解释在中国文化概念研究中的作用日益显现，文化是“行为方式”和“思维方式”的解释也越来越为学界所认同。所以，有学者指出：“不同的语言、服饰、建筑物、风俗、习惯、宗教信仰等构成文化的民族特点，并区分不同的民族”。不仅如此，该学者还对文化的结构进行了解释，认为“这些模式内容仅是文化的表现而不是内核。文化的决定层面是观念世界、激情和价值取向。它们决定民族文化的不同表现。不同的文化同时也产生不同的国民性格。”③ 在此方面，许嘉璐先生有相似的表述。许嘉璐把文化分为三个层级，即与衣食住行相关的表层文化（又称为物质文化）；以风俗、礼仪、制度、法律、宗教、艺术等为内涵的中层文化（又称为制度文化）和代表个体和人群价值观、伦理观、审美观的底层文化。其中，“表层”和“中层”反映着“底层”的内涵，而“底层”则引导并制约着“表层”和“中层”

---

① 任鸿隽：《科学与近世文化》，《科学》第 7 卷（1922 年），第 7 期。

② 胡适：《我们对西洋文明的态度》，《东方杂志》第 23 号（1926 年），第 17 号。

③ 杨知勇：《归属感、认同感和历史选择——论文化的民族性与时代性》，《文化研究》1989 年第 3 期。

的变化[①]。

正是因为文化的结构复杂，分层较多，涉猎面广，所以人们通常又把“文化”定义为广义的文化和狭义的文化。前者又称大写的文化（Culture with a big C），指的是人类在社会历史发展过程中所创造的物质财富和精神财富的总和。它包括物质文化、制度文化和心理文化三个方面，即前述所论“表层”“中层”和“底层”文化。后者则称小写的文化（Culture with a small c），指的是人们普遍的社会习惯，如衣食住行、风俗习惯、生活方式、行为规范等。其中，又特别强调意识形态所创造的精神财富，包括宗教信仰、风俗习惯、道德情操、学术思想、文学艺术、科学技术等。

在上述的讨论中，我们发现，当文化从总体上更多地被看作观念意识、思维方式、价值判断等观念形态的时候，尽管人们对文化的定义林林总总，莫衷一是，无论是人类学家关于文化是“人的行为模式”的定义；还是社会学者认为“文化是认知层面、信念、价值和规范、符号、行为的非规范方式”的解读；抑或当今许多国内学者通常从文化结构上来阐释文化，但他们的共性则在于：更多地注重文化的表现形式、结构分层、发展轨迹的研究等（尽管这些是必要的），也就是从文化自身研究文化，而文化与经济、文化与社会生产、文化与国力的关系等问题，基本不在叙事之列。即使有，文化也是处于经济和社会的从属地位。然而，随着20世纪三四十年代西方文化产业的出现，改变了人们对文化的认知，文化的内涵和外延也随之进一步扩大。

二　文化内涵的变化与新时期以来文化认知的新思维

现代意义的文化产业发轫于20世纪20年代末的美国电影业。到20世纪五六十年代，随着文化知识与社会经济发展的关系日益

---

① 许嘉璐：《什么是文化——一个不能不思考的问题》，《中国社会报》2006年6月2日。

密切，人们对文化的作用有了更加清晰的认识。美国普林斯顿大学教授弗里茨·马克卢普（Frits Machlup）在研究美国经济发展实例之后，提出知识是社会发展的不可缺少的重要资源，应当像经济发展的其他要素一样去生产和分配，知识生产不仅仅为经济发展提供智力支持，而且要像经济资源一样进行开放，是“朝阳产业”①。这些理论为美国产业资本、金融资本介入文化产业奠定了理论基础。而文化与产业资本、金融资本的结合，不仅推动了文化的大发展，也改变了以往“文化创作就是文化生产”的认识。因为，“文化和产业资本的结合带来的重要影响是，文化的小规模生产转向了以讲究效益回报的经济型生产，资本运作、产业运作的方式逐渐进入文化领域。”②

文化产业的兴起，首先使文化产品的功能得到拓展。文化不仅具有认知功能（或宣教功能）、传播功能、娱乐功能，而且还具有投资功能。文化产品的投资功能，反映了文化对社会经济发展的重要贡献和文化与经济、社会的高度关联。其次，文化的内涵和外延进一步扩大，文化的产业属性和文化产品的商品属性被重新认识。随着社会主义市场经济体制的建立，文化建设既要符合社会主义文化发展规律，又要适应社会主义市场经济规律的问题引起理论界和文化界，乃至国家领导层的高度重视。

进入20世纪以来，在经济全球化的推动下，随着文化与经济、政治高度融合，文化在社会经济发展中的地位得以彰显，文化的内涵和外延得到扩大，文化作为“软实力”在综合国力竞争中的地位和作用更加突出。其主要表现是：(1)文化与经济相互交融，经济较量中的文化因素日益凸显，经济发展越来越依赖于文化的支撑，这已经成为当今世界经济发展的一大趋势；(2)文化产品与服

① 邬书林：《全面发挥文化的社会功能，推动社会主义文化大发展大繁荣》，《新华文摘》2008年第9期。

② 同上。

务已作为独立的贸易形态，成为综合国力竞争的重要方面；（3）文化领域已成为政治斗争和意识形态较量的主战场。这样，随着政治、经济、文化的高度融合，精神产品、经济利益和政治地位高度关联，文化已经不仅仅单纯是一种物化的或精神的成果，也不完全是一种生活方式和思维方式的体现，文化作为社会经济发展的推动力，或综合实力——“文化软实力”而更具有决定性的意义。

因此，20 世纪末到 21 世纪初以来，“文化软实力”问题受到学术界的高度关注，关于“文化软实力”的研究频频问世。同时，随着中国在世界上的崛起，重视“软实力”建设的问题引起中国高层领导高度重视。2006 年 11 月，胡锦涛同志在全国文代会、作代会上发表讲话，称“提升国家软实力，是摆在我们面前的一个重大现实课题”。2007 年 10 月中共十七大召开，软实力的概念第一次被写入官方文献得到确认。胡锦涛同志在十七大报告中多次使用了“软实力”和“文化软实力”的概念，并提出了提高文化软实力的任务。

按照“软实力”概念发明者美国著名政治学家约瑟夫·奈（Joseph S. Nye）在《软实力——国际政治的制胜之道》一书中的解释，所谓软实力，是相对一个国家政治、军事能力等硬实力而言的，主要指一国的文化和意识形态吸引力、国际机制的规则和制度等资源。一个国家的综合国力既包括由经济、科技、军事实力等表现出来的硬实力，也包括文化、意识形态、价值观念等软实力。硬实力通过诉诸有形的军事、经济等实力，迫使他国遵从本国意志；软实力则通过文化、价值观等对他国施加影响力、凝聚力和感召力，使得对方按照本国意愿行事。因此，“软实力”往往又被等同于“文化软实力”。

综上所述，随着文化与经济、政治、社会的高度融合，文化的内涵、外延和功能都得到极大扩展，因此，把文化界定为“软实力”或“文化软实力”或许更为贴切。正是从这种意义上，“中国文化发展指数研究”中的“文化”，主要是从“文化软实力”的角度来加以认识。在充分吸收最新学术研究成果，密切联系我国文化发展战略的基础上，我们认为，从哲学和社会学的角度立论，文化是与经济、政治、社会相辅相成的一个重要范畴，它是一个地区或国家综合实力的重要体现；是人们生活水平、社会文明水准的重要评价指标；是由文化的生命力、创造力、传播力所构成的一个体系。主要包括三个层面的内涵：一是指文化传统、价值观念和制度体系；二是指以满足人民群众不断增长的文化精神需求为宗旨的公共文化服务体系和公共文化产品；三是包括音乐、表演艺术、电影电视、出版、会展、动漫游戏、新媒体等可以产业化运营的文化产业。从结构上看，文化传统、价值观念和制度体系是文化的“内核”，公共文化服务体系和文化产业是文化的“两翼”。“内核”决定文化的不同表现形式，决定产生不同的国民性格或群体人格，是一个国家或地区影响力、凝聚力和感召力的核心因素。在“两翼”中，公共文化服务体系和公共文化产品体现国民生活水平和社会文明水准；文化产业则是一国或地区综合竞争力的重要体现。“内核”与“两翼”相互影响，互为补充，共同构成文化软实力。

第三节　中国文化发展概念及其演变

“中国文化发展”通常又与“中国社会主义文化建设”相提并论。理论是行动的指南。对文化认知上的变化必然导致“中国文化发展”的内容和任务的变化，以致使“文化发展”这一概念，在不同的历史阶段具有不同的特征和内涵。对此，从改革开放以来，中国文化发展战略的演变可窥见一斑。改革开放以来，我国文化发展战略的演变，以中共十五大为界可划分为前后两个发展时期。前期从1978年到1996年，文化发展战略以精神文明建设为主导；后期从1997年党的十五大召开至今，文化发展战略重在提升国家综合实力和文化软实力。前后两个时期文化发展战略虽各具特点，各有不同，但作为中国特色社会主义文化建设的一个整体又相互关联，一脉相承。

一 文化发展以精神文明建设为主导的发展时期

关于社会主义精神文明的理论阐述，最早可追溯到民主革命时期，但对社会主义精神文明认识上的升华则肇始于改革开放后。1979 年 9 月，在党的十一届四中全会上，叶剑英同志第一次提出了“社会主义精神文明建设”的科学概念。叶剑英同志总结了极左路线对党和社会主义建设所造成的极大危害，认为中国的四个现代化不仅是工业、农业、教育、科学技术现代化和物质文明的进步，而且应当是“在建设高度物质文明的同时，提高全民族的教育科学文化水平和健康水平，树立崇高的革命理想和革命道德风尚，发展高尚的丰富多彩的文化生活，建设高度的社会主义精神文明。”① 首次提出了“社会主义精神文明”的概念及其内涵。10 月，邓小平同志《在中国文学艺术工作者第四次代表大会上的祝词》中，重申了这一论述。1980 年 12 月，中共中央专门就加强党的政治思想工作，批判违反四项基本原则的错误思想，建设社会主义精神文明召开工作会议。邓小平同志发表重要讲话，进一步论述了精神文明的问题，指出：“所谓精神文明，不但是指教育、科学、文化（这是完全必要的），而且是指共产主义的思想、理想、信念、道德、纪律，革命的立场和原则，人与人的同志式关系。”② 毫无疑问，作为改革开放总设计师的邓小平同志，对社会主义精神文明给予高度重视，他曾在不同场合、多篇讲话中对这一问题进行了论述，为社会主义精神文明建设奠定了重要的理论基础。

1986 年 9 月，中共十二届六中全会通过了《中共中央关于社会主义精神文明建设指导方针的决议》。该《决议》全面阐述了社

---

① 叶剑英：《在庆祝中华人民共和国成立三十周年大会上的讲话》，《人民日报》1979 年 9 月 30 日。

② 《邓小平文选》第二卷，人民出版社 1994 年 10 月版，第 367 页。

会主义精神文明建设的战略地位和根本任务；正确说明了党的最高理想同广大群众现阶段的共同理想和社会主义道德建设基本要求的关系，把先进性和广泛性要求结合起来；进一步强调树立和发扬社会主义的道德风尚和明确马克思主义在精神文明建设中的指导作用，等等。由此，形成了社会主义精神文明建设理论体系。该《决议》也因此成为新时期加强社会主义精神文明建设重要的纲领性文件。

邓小平同志的重要论述和执政党的纲领性文件对整个这一时期社会主义文化建设提出了系统全面的战略性思考。在社会主义精神文明建设这个总纲下，思想建设、道德建设、文化建设和“新人塑造”构成了文化发展的系统工程。其中，“思想建设”强调对全民进行社会主义和共产主义理想教育；“道德建设”突出在商品经济和市场经济的冲击下，坚持为人民服务宗旨和集体主义原则，培养以“五爱”为内涵的社会公德和职业道德；“文化建设”旨在发展教育、科学、文学艺术、新闻出版、广播电视、卫生体育、图书馆、博物馆等各项文化事业活动，以提高全民族的文化综合素质；而“新人塑造”则是培养“四有”新人，这是精神文明建设的根本目的。

以精神文明建设为主导的文化建设，或者说用精神文明建设总揽文化建设，也为这一时期我国文化发展打上了时代的烙印，呈现出较为突出的时代特征。这些特征主要表现为：文化理论上，形成了社会主义精神文明建设理论体系，并使之成为中国特色社会主义理论体系的重要组成部分；文化认识上，强调文化的意识形态属性及其宣教功能的发挥，以适应整个20世纪80年代在思想领域反对资产阶级自由化思潮的需要。而文化建设的主要内容仍以发展传统的科学、教育、文化事业为主。但是，随着20世纪80年代中后期商品经济的发展和90年代后社会主义市场经济体制改革的逐步推进，加之发达国家“文化产业”的相关理论和经营模式传入中国，文化产业——这种新型的文化建设形态在一些地方开始萌芽，社会主义市场经济的运行方式被引入到文化产品生产领域，文化游离于社会经济的封闭格局开始被打破。

二　文化发展注重提高国家综合实力和文化软实力的发展时期

1997 年 9 月，党的十五大的召开，标志着社会主义文化建设进入一个新的发展时期，我国文化发展战略发生了一系列重大变化，一些新提法、新概念、新理论令人目不暇接。

十五大报告指出："中国特色社会主义的文化，是凝聚和激励全国各族人民的重要力量，是综合国力的重要标志。"① 第一次将文化与综合国力相联系。2002 年 11 月，十六大报告沿袭了十五大的基本判断，指出："当今世界，文化与经济和政治相互交融，在综合国力竞争中的地位和作用越来越突出。"② 但是，与十五大报告不同，由于市场经济体制改革向纵深发展，对文化生产和文化管理体制带来巨大冲击，文化产品的意识形态属性和商品属性的双重性问题也越来越被人们所认识。那么，作为商品生产，文化产品应遵循生产、流通、交换和消费的一般规律。因此，十六大第一次将"发展文化产业"写进党的纲领性文献，提出"完善文化产业政策，支持文化产业发展，增强我国文化产业的整体实力和竞争力。"从此，在关于文化发展的表述中就有了"文化事业"和"文化产业"的区别。

然而，文化产业的发展必然要冲破固有的文化体制的束缚，它的发展既要符合文化发展规律，又要遵循社会主义市场经济规律，文化建设上的新问题、新矛盾开始凸显。2004 年 9 月，党的十六届四中全会在《中共中央关于加强党的执政能力建设的决定》中，对文化赋予了新的内涵，第一次提出了"解放和发展文化生产力"

---

① 江泽民：《高举邓小平理论伟大旗帜，把建设有中国特色社会主义事业全面推向二十一世纪》，人民出版社 1997 年 9 月版，第 39 页。

② 江泽民：《全面建设小康社会，开创中国特色社会主义事业新局面》，《中国共产党第十六次全国代表大会文件汇编》，人民出版社 2002 年 11 月版，第 37 页。

的命题，使文化生产被正式纳入社会化大生产的范畴。这就使文化不再仅仅是经济建设的手段和工具，而是直接走向前台，作为生产力成为推动社会发展的主要力量之一。

到2007年10月，党的十七大召开，胡锦涛同志在总结十五大以来党的文化理论创新成果的基础上，创造性地从四个方面对文化发展战略作了更加全面的表述：即“建设社会主义核心价值体系，增强社会主义意识形态的吸引力和凝聚力”“建设和谐文化，培育文明风尚”“弘扬中华文化，建设中华民族共有精神家园”“推进文化创新，增强文化发展活力”，并使之成为当前和未来相当长一段时间内我国文化建设的纲领。

通过对改革开放以来我国文化发展脉络的梳理，我们发现，随着改革开放的深入发展，文化建设既应遵循社会主义文化发展的规律，又要符合社会主义市场经济的要求；既要注重文化产品的意识形态属性，又要注重文化产品的产业属性，以及“文化生产力是社会生产力的重要组成部分”等一系列重大理论问题引起国家高层和理论界、文化界的高度关注，人们充分肯定了社会主义文化不仅是推动经济建设的重要手段，而且其本身也是社会生产力的重要组成部分。应该说，这些认识是对以往我们对文化认识误区的一种修正，是对社会主义市场经济条件下文化发展规律的新探索。而文化理论上的创新，又带来了文化发展战略思路的变化，“文化发展”的内涵也得到丰富和拓展。以至于从总体上看，从国家层面对中国文化发展的表述，已经用“社会主义文化建设”取代了“社会主义精神文明建设”；文化建设的内容也从过去的“思想道德建设”“科教文化事业建设”两部分，拓展为“思想道德建设”“科教文化事业建设”和“发展文化产业”三大块，从而充分反映了新时期、新阶段全面建设小康社会对文化建设的需求变化。这些变化导致“文化发展”的内涵和外延得到极大扩展，文化发展的着力点从以往主要强调政治思想教育，转变为主要为满足人民群众的基本文化权益和文化需求；转变为不仅注重文化发展的自身规律，而且更加注重文化与经济和社会发展的关联性及其发展规律的探索。因此，从这种基本立意出发，并结合文化概念的定义，本书所称“文化发展”系指一个地区（以省、自治区和直辖市为单位，港澳台地区除外）的文化自身的发展状况，以及文化作用于政治、经济、社会等相关领域的总体状况，主要包括人们的精神状态、社会的文明程度、公共文化服务体系的建设情况、文化产业的发展状况、文化的影响力和辐射力等方面。

综上所述，基于对文化概念和文化发展概念的认识，充分吸取国内外相关研究成果，本书称“中国文化发展指数”（China Culture Development Index，CCDI），是用以衡量中国文化发展状况的定量描述和分析比较工具，它涵盖文化发展的主要方面，对一定时期内我国文化发展总体水平和特定区域（以省、自治区、直辖市为对象）的文化发展状况进行评价。中国文化发展指数由“公共文化发展”“文化产业发展”“文化发展环境”和“文化发展影响力”四大一级指标和若干二级指标构成。在一级指标中，“公共文化发展”和“文化产业发展”系文化发展的主要内容；“文化发展环境”则是文化发展的外在条件，主要描述文化发展与经济发展、社会发展和人口素质等因素的关联性；“文化影响力”则是文化发展的实际功效，反映地区文化发展的辐射力和凝聚力。在指数和指标的设定上，我们力图遵循综合性、客观性、科学性、数据的权威性和可获得性等原则，以期通过 CCDI 这套指数的建立，进一步深入研究我国文化发展和地区文化发展的特点和规律，为提高综合国力和文化软实力，促进我国政治、经济、社会、文化的协调发展，建立一个中国文化发展的统计性框架和分析工具，提供可资借鉴的理论和实践模型。

第二章　中国文化发展政策分析

中国共产党自成立之日起，始终高举马列主义的旗帜，各方面工作都始终坚持马克思主义思想路线，文化政策也是以贯彻和落实马克思主义思想为根本宗旨，其文化政策不可避免地带有政治思想意识形态控制和价值引导的性质。中华人民共和国成立以来，根据文化发展价值取向、目标任务、战略重点、重大措施的侧重点不同，文化政策大体经历了以阶级斗争为纲的文化政策时期、精神文明建设取向的文化政策时期、文化资本化凸显的文化政策时期、和谐发展的文化政策时期和新时代中国特色社会主义文化时期五个发展时期。中国文化发展政策的演变，为中国文化指数的理论研究和实践应用提供了政策保障。

第一节　以阶级斗争为纲的文化政策时期(1949—1977 年)

中华人民共和国成立以后，中国社会发生了深刻变化，为了适应这种变化了的形势，我国一方面对旧的文化进行改造，破除封建主义文化残余的影响；另一方面又倡导新文化运动，积极进行社会主义文化建设。

1949 年 9 月 29 日，中国人民政治协商会议第一届全体会议通过的《共同纲领》规定：“中华人民共和国的文化教育为新民主主义的，即民族的、科学的、大众的文化教育。人民政府的文化教育工作，应以提高人民文化水平，培养国家建设人才，肃清封建的、买办的、法西斯思想，发展为人民服务的思想为主要任务。”① 这个规定也是新中国成立最初几年我国文化建设的基本指导思想。1953 年党制定了过渡时期的总路线，即“一化三改”。因此也可以说，党在这个时期文化建设的主要任务是在大“改造”的背景下进行文化“改造”，目的是为建设社会主义文化扫清障碍。至于“立”的方面，主要是发展文化教育事业，发展适合群众需要的新文学艺术和电影的创作，发展各类舞台剧本，改进表演艺术等。虽然当时已经有人提出了“发展社会主义的新文化”命题，但对于什么是“社会主义新文化”，并没有人作系统的理论阐述。这个阶段的文化领域已经出现了值得注意的苗头，对电影《武训传》的大讨论开了后来的艺术批评乱扣帽子的先河。1954 年中期的思想改造运动，1955 年的批“胡风反革命集团”，也都远远超出了思想运动的范畴，演变为一场严重的政治运动。

1956—1965 年期间，毛泽东同志对党的文化理论进行了集中思考，形成了继新民主主义文化论之后的又一重大理论成果。这个阶段党对社会主义文化理论的探索或集中或散见在毛泽东《关于正确处理人民内部矛盾的问题》《论十大关系》等一系列著作和讲话中。在这些文章和谈话中，毛泽东同志系统地阐述了他的文化思想，提出了发展社会主义文化事业的一系列观点，其中最著名的就是提出促进艺术发展和科学进步、促进我国社会主义文化繁荣的“双百方针”以及处理古今中外文化关系的“十二字方针”。毛泽东认为：“百花齐放，百家争鸣的方针，是促进艺术发展和科学进步的方针，是促进我国社会主义文化繁荣的方针”②，主张学术问题要通过自由讨论来解决，反对“利用行政力量，强制推行一种

---

① 何东昌主编：《中华人民共和国重要教育文献》，海南出版社 1998 年版，第 7 页。

② 《毛泽东著作选读》（下册），人民出版社 1986 年版，第 783 页。

风格，一种学派，禁止另一种风格，另一种学派”[①]。在处理古今、中外文化关系上，要坚持“古为今用，洋为中用”“推陈出新”的方针。与此同时，毛泽东提出了分辨“香花”和“毒草”的六条标准，其中“最重要的是要坚持社会主义道路和党的领导两条。”[②]这些观点经过党的其他领导人和党的文献的系统宣传阐发，成为中国共产党文化事业的基本方针政策，对后来我党文化政策实践产生了深远的影响。毛泽东“双百”方针提出伊始就遭到了不少人的不理解和反对，加上当时复杂的国际国内形势，这一方针并没有得到很好的执行，或者说在当时的历史条件下根本就没有可能执行。很快，一场反击资产阶级右派进攻的斗争在全国范围内展开，一大批知识分子、爱国人士和党的干部被错划为右派分子，中国文化科学事业遭到了严重的挫折。20 世纪 60 年代初随着我国经济建设方针的大调整，党的文化政策出现了一次全面、自觉的调整，相继制定了《科学十四条》《高教六十条》和《文艺八条》等一系列条例。在上述条例和当时的党的文件中，都毫无例外地重申“百花齐放、百家争鸣”是发展社会主义文学艺术的根本方针；强调在学术工作中，一定要百花齐放、百家争鸣，不戴帽子，不打棍子，不抓辫子，这样才能造成一种既有统一意志、又有个人心情舒畅、生动活泼的政治局面，充分地调动起广大知识分子的积极性；强调我国知识分子中的绝大多数已属于劳动人民的知识分子。我国文化生活出现了一个短暂的积极变化。然而，这一阶段党的主要领导人仍然是阶级斗争论为主导的思想。

1962 年，在党的八届十中全会上，毛泽东发展了他的无产阶级同资产阶级的矛盾仍然是中国社会主要矛盾的观点，认为在整个社会主义历史阶段中，资产阶级都将存在和企图复辟，并成为党内产生修正主义的根源，提出阶级斗争要“年年讲，月月讲，天天

① 《毛泽东著作选读》（下册），人民出版社 1986 年版，第 784 页。
② 同上书，第 789 页。

讲”。在这种思想支配下，注定了我党对文化政策的积极调整不能持久，“左”的文化思潮在党的意识形态工作中明显占了上风。

1966年开始的十年“文化大革命”是一场由领导者错误发动，被反革命集团利用，给党和国家带来深重灾难的内乱。“文化大革命”不是一场真正的文化革命，而是一场反文化的运动，结果是造成了思想僵化、精神枯萎、万马齐喑的可悲局面。1966年“文艺黑线专政”论出笼，即“文艺界在建国以来被一条与毛主席思想相对立的反党反社会主义的黑线专了我们的政，这条黑线就是资产阶级的文艺思想、现代修正主义思想和所谓三十年代文艺的结合”，全面否定建国以来中国共产党领导的文艺事业。同年4月，党的会议通过了由毛泽东同志主持起草的《中国共产党中央委员会通知》，8月，党的八届十一中全会通过了《关于文化大革命的决定》，提出了在文化领域开展阶级斗争和夺取文化领域领导权的任务。这个时期的党的文化理论是“无产阶级专政下继续革命的理论”的一个组成部分，特点是强调文艺为政治服务，为阶级斗争服务。这种“左”的思潮被林彪、“四人帮”推向了极端，全面推行文化专制主义，党的“双百”方针荡然无存。“文化大革命”给整个文化界带来了一场浩劫。这个阶段在文化建设总体出现失误的前提下也有值得一提的一些积极变化。1975年7月初，毛泽东就表达了对当时文艺政策的强烈不满，批评“样板戏太少，而且稍微有点差错就挨批。百花齐放都没有了，别人不能提意见，不好。怕写文章，怕写戏。没有小说，没有诗歌。”① 7月14日傍晚，毛泽东又同江青当面谈文艺调整问题，明确提出：“党的文艺政策应该调整一下”，指出：“一、扩大文艺节目；二、对作家要帮助；要惩前毖后、治病救人”，② 改变动不动就撤职，动不动就关起来的错误做法，把他们解放出来，对他们团结、帮助；三、“文艺问题是思想问题”，等等这一系列举动，

① 《建国以来毛泽东文稿》第13册，中央文献出版社1998年版，第443页。

② 同上书，第441—446页。

意味着毛泽东同志对“四人帮”推行的极“左”的文艺政策的不满，对党的文化政策实践的反思。

第二节　精神文明建设取向的文化政策时期（1978—1992年）

1978年党的十一届三中全会的召开，实现了我国工作重点由“以阶级斗争为纲”向“以经济建设为中心”的转变，这为文化政策转型开辟了广阔空间。

1978—1992年，党的代表大会报告都浓墨重彩地阐述精神文明建设的思想。一是1982年的十二大、1987年的十三大、1992年的十四大，都用了较多篇幅论述精神文明建设问题，一些重要的理论命题都是从党的报告开始的。二是几次文代会上党的领导人的重要讲话成为指导精神文明建设的纲领性文件。如1979年10月，邓小平同志代表党中央在中国文学艺术工作者第四次代表大会上的祝辞，就提出了新时期我国文学艺术事业发展的一系列指导方针。邓小平同志关于文艺与政治、文艺与人民关系的深刻论述，为划清政治问题与文艺问题的界限提供重要依据。这篇祝辞成为新时期党指导文艺工作的基本纲领。三是党召开全会专门讨论精神文明建设问题。1986年9月中国共产党十二届六中全会通过了《中共中央关于社会主义精神文明建设指导方针的决议》。1996年十四届六中全会通过了《中共中央关于加强社会主义精神文明建设若干重要问题的决议》。两个文件系统阐述了社会主义精神文明建设理论，既有理论描述，又有具体政策阐发，是这一时期我们党的文化政策的集中体现。这个政策主要由精神文明与社会主义本质的关系、精神文明建设的战略地位、精神文明建设的指导思想、精神文明建设的内容、任务、方法以及政策等内容组成。精神文明建设理论集中了中国共产党人的集体智慧，而邓小平同志无疑对这一理论作出了杰出的贡献。邓小平同志强调只有两个文明都搞好，才是有中国特色的社会主义；提出了两手抓、两手都要硬的思想；强调精神文明建设包括思想道德建设和教育科学文化建设，目标是培育“有理想、有道德、有文化、有纪律”的社会主义“四有”新人；强调必须坚持马克思主义，坚持四项基本原则，反对资产阶级自由化；强调要继承和发扬民族的优秀文化传统和党的优良传统，吸收和借鉴人类社会创造的一切文明成果，反对封建主义残余影响，抵制资本主义腐朽思想的侵蚀；强调要尊重知识、尊重人才，培养一大批优秀的科学家、教育家、文学艺术家和其他各种专家；强调思想政治工作和思想政治工作队伍决不能削弱；强调党要加强对精神文明建设的领导，党风建设关键是领导干部以身作则，等等。社会主义精神文明建设理论内容丰富，继承了毛泽东文化理论的精髓，同时又对改革开放条件下精神文明建设的新的时代课题给予了科学回答，是对我党文化政策的重要发展。

第三节　文化资本化凸显的文化政策时期(1993—2005 年)

“文化大革命”后中国经济已经处于崩溃边沿，国家财政赤字严重。经济上，至 1978 年为止，尽管中国的国民生产总值达 3624 亿元，比 1965 年的 1716 亿元翻了一倍多，年均递增率达 6.8%，并建立起一个独立的、门类齐全的工业体系。但是人民依然贫困，技术比较落后。为了尽快提升经济发展速度，改革开放的第一目标定位于促进经济增长，追赶发达国家，而促进经济增长的核心战略则在于市场经济改革。市场化改革迅速显示出其发展经济的巨大优越性，促进经济快速增长，创造更高水平的 GDP 就成为这一阶段整个国家战略，乃至整个社会的核心。文化政策的制定通过考虑如何激励主流文化发展，以及把主流文化内化为广大公民的内心价值信仰，进而促进良好的社会资本和文化资本形成，促进市场交易和社会互动，最终推动经济社会发展。这一阶段，非此即彼的完全二元对立语境开始逐渐松动，凡是有利于推动社会主义生产力发展的就是好的，文化的经济功能定位作为文化政策的重要功能得到党和政府的高度认可。

随着20世纪80年代中后期商品经济发展和90年代初社会主义市场经济体制改革目标的确立，文化产业这种新型文化建设形态在一些地方开始萌芽，各类文化消费场所、文化产品与服务大量出现，文化的经济属性开始受到社会各界的普遍关注。1998年，国家文化部设立“文化产业司”，正式将文化产业发展纳入政府的管制范畴。2000年，党的十五届五中全会审议通过的《中共中央关于制定国民经济和社会发展第十个五年计划的建议》，第一次在中央文件中提出了“文化产业”和“文化产业政策”的概念。2002年，党的十六大报告第一次将文化分成“文化事业”与“文化产业”，并强调要完善文化产业政策，支持文化产业发展，增强我国文化产业的整体实力和竞争力。2000年，文化部出台的《文化产业发展第十个五年计划纲要》提出“文化产业单位要围绕市场从事生产经营活动，政府积极鼓励和引导群众的文化消费”。2002年，中国共产党第十六次全国代表大会指出“发展文化产业是市场经济条件下繁荣社会主义文化、满足人民群众精神文化需求的重要途径”，标志着市场话语的凸显。2005年，中共中央、国务院发布《关于深化文化体制改革的若干意见》，发出了全面改革的信号，着重解决政企（事）不分、文化事业单位双轨制、文化市场准入不足等问题。同年，《中共中央办公厅、国务院办公厅关于进一步加强和改进文化产品和服务出口工作的意见》《国务院关于鼓励支持和引导个体私营等非公有制经济发展的若干意见》《国务院关于非公有资本进入文化产业的若干决定》《文化部、广电总局、新闻出版总署、国家发展改革委、商务部关于文化领域引进外资的若干意见的通知》等政策文件先后印发，使得我国文化产品和服务“走出去”、非公有制资本和外资进入我国文化产业都有了明确规定。文化产业作为文化发展的重要战略被纳入国民经济的整体规划之中，我国文化产业政策体系初步成型。

第四节 和谐发展的文化政策时期（2006—2011 年）

中国经济社会发展到了 21 世纪初，改革开放取得了重大成绩，国民经济持续快速发展，人民的生活水平上了一个新台阶，经济规模已经处于世界前列，中国的国际地位不断上升。随着改革开放的深入和经济社会的快速发展，过去被高速发展掩盖的矛盾不断暴露出来。如环境污染、资源枯竭、贫富差距进一步拉大、腐败问题、社会治安、就业问题等。这些问题虽然是前进中的问题，但如果不解决好，就会酿成严重的社会危机，阻碍中国社会前进的步伐。如何建设一个既能快速发展又更加和谐的社会？和谐社会需要什么样的文化理念？如何为建设和谐社会提供富有成效的价值支撑和智力支持？党的和谐文化政策取向就是在这种背景下应运而生的。党的十六大报告提出要“努力形成全体人民各尽所能、各得其所而又和谐相处的局面”的要求，和谐社会的思想初露端倪。2004 年 9 月出台的《中共中央关于加强党的执政能力建设的决定》，强调要把和谐社会建设摆在重要位置。2005 年 2 月，胡锦涛同志《在省部级主要领导干部提高构建社会主义和谐社会能力专题研讨班上的讲话》提出了构建社会主义和谐社会的总目标和总要求。2006 年 5 月，胡锦涛同志在云南考察时提出了建设和谐文化的战略思想，强调指出，要树立共同理想、打牢共同思想基础、弘扬民族精神、开展道德建设，特别是要宣传和树立以“八荣八耻”为主要内容的社会主义荣辱观，促进和谐文化建设，为构建社会主义和谐社会提供强大的思想道德力量。2006 年 10 月，中国共产党第十六届中央委员会第六次全体会议作出了《中共中央关于构建社会主义和谐社会若干重大问题的决定》，《决定》对“建设和谐文化”的战略地位、总的要求、根本任务、主要内容等问题作出了全面论述。《决定》指出：建设和谐文化，是构建社会主义和谐社会的重要任务，必须坚持马克思主义在意识形态领域的指导地位，牢牢把握社会主义先进文化的前进方向，弘扬民族优秀文化传统，借鉴人类有益文明成果，倡导和谐理念，培育和谐精神，进一步形成全社会共同的理想信念和道德规范，打牢全党全国各族人民团结奋斗的思想道德基础，社会主义核心价值体系是建设和谐文化的根本。2007年10月，胡锦涛同志在党的十七大上所作的报告中进一步提出了“建设和谐文化，培育文明风尚”的文化建设任务，强调“和谐文化是全体人民团结进步的重要精神支撑”。

2005年《中共中央关于制定国民经济和社会发展的第十一个五年规划的建议》中，提出了“加大政府对文化事业的投入，逐步形成覆盖全社会的比较完备的公共文化服务体系”。2006年《国家“十一五”时期文化发展规划纲要》将“公共文化服务”单列一章，详细阐述了公共文化服务的基本范围、目标任务和具体措施等内容，将其作为国家的一项重要文化战略。2007年6月，胡锦涛同志主持召开中共中央政治局会议，专门研究公共文化服务体系建设问题，随后中办、国办印发了《关于加强公共文化服务体系建设的若干意见》。同年，党的十七大报告提出“使人民基本文化权益得到更好保障”。2011年党的十七届六中全会通过的《中共中央关于深化文化体制改革，推动社会主义文化大发展大繁荣若干重大问题的决定》，进一步对公共文化服务体系建设提出公益性、基本性、均等性、便利性等要求。这一时期党的纲领性文件与文化政策表现出以文化民权为导向的新趋势，并凸显了公民文化权益的核心是“人”这一重要理念，体现了党和国家对“以人为本”的文化建设和保障公民基本文化权益的高度重视。

第五节　新时代中国特色社会主义的文化政策时期(2012—现在)

一　新时代中国特色社会主义文化政策的主要内容

党的十八大以来，党中央在政治改革、经济发展、文化建设、社会治理、生态保护等方面呈现出整体性、系统性推进的发展态势，形成了新形势下一系列重要的新思想新理念新战略，是马克思主义中国化最新的理论成果体系。其中，在文化建设方面，以习近平同志为核心的党中央对新时代中国特色社会主义文化建设提出了一系列重要思想和论述，着力回答“如何建设中国特色社会主义文化”这一根本问题，其主要内容包括以下几个方面。

（一）增进中国特色社会主义文化自信

党的十八大以来，习近平同志曾在多个不同场合提及和论述了文化自信，传递出党中央的文化理念和文化观。习近平同志在中央政治局第十三次集体学习中讲到要增强文化自信和价值观自信。随后他进一步深入论述了文化自信，认为文化的自觉和自信，是道路、理论、制度自信的坚实基础和内在要求。道路自信、理论自信和制度自信来自于在5000多年中华文明传承基础上的文化自信。2016年5月和6月，习近平同志又连续两次对文化自信加以强调，指出了文化自信是最深沉的自信，是其他一切自信的基础和来源，并引导党员特别是领导干部要坚定中国特色社会主义文化自信。在庆祝中国共产党成立95周年大会的讲话上，习近平同志对文化自信特别加以阐释，指出了文化自信是更基础、更广泛、更深厚的自信。

（二）弘扬中国传统优秀文化

党的十八大以来，党中央用中华优秀传统文化繁荣兴盛助推中华民族伟大复兴。“中华文化积淀着中华民族最深沉的精神追求，是中华民族生生不息、发展壮大的丰厚滋养”。[①] 中华民族几千年来的历史发展沉淀了深厚博大的优秀传统文化，这些文化是助推当今中国发展的基础，是中国未来文化发展过程中不可丢弃的“优良基因”，“只有坚持从历史走向未来，从延续民族文化血脉中开拓前进，我们才能做好今天的事业”，“博大精深的中华优秀传统

---

① http：//epaper. gmw. cn/gmrb/html/2013 - 12/23/nw. D110000gmrb_ 20131223_ 1 - 15. htm？ div = - 1.

文化是我们在世界文化激荡中站稳脚跟的根基。”① 对中国传统文化的继承和弘扬是进行文化建设的基础，否则就会破坏文化的整体性或另起炉灶，造成巨大的思想混乱和社会失序，就会对中华民族伟大复兴的实现产生巨大阻碍。除了对中华优秀文化认可和接受，党中央还善于运用中华优秀文化来解决当代中国出现的问题，从现实层面用中华优秀文化的黏合功效、疏导功效、精神支撑功效助推中国梦实现。习近平同志和党中央经常倡导，要以历史唯物主义的分析方法来对传统文化进行辩证思考，做到古为中用，推陈出新，对传统文化进行创新性发展，“使中华民族最基本的文化基因与当代文化相适应、与现代社会相协调”。②

（三）培育和践行社会主义核心价值观

社会主义核心价值观是十八大以来党中央文化建设和发展的核心内容。社会主义核心价值观由于其自身涵盖国家、社会和公民三大维度，因而是全体中华儿女共同遵守的价值准则。培育和践行社会主义核心价值观对于全民族文化修养、思维习惯、精神风貌、行为方式的改善具有广泛的约束力和塑造力，对整个国家文化“软实力”的提升具有重要意义。习近平同志在中共中央政治局第十三次集体学习时强调：“核心价值观是文化软实力的灵魂、文化软实力建设的重点。这是决定文化性质和方向的最深层次要素。一个国家的文化软实力，从根本上说，取决于其核心价值观的生命力、凝聚力、感召力。”③ 核心价值观是我们民族和国家文化中最深刻的内容，在培育公民、引领社会、推动国家发展方面具有现实作用，因此，党中央一直重视对核心价值观的践行工作。习近平同志在中共中央政治局第十三次集体学习时强调：“要通过教育引导、

① 习近平：《在纪念孔子诞辰 2565 周年国际学术研讨会上的讲话》，http：//news. xinhuanet. com/politics/2014 -09/24/c_ 1112612018_ 2. htm。

② 《关于实施中华优秀传统文化传承发展的工程意见》，http：//news. xinhuanet. com/politics/2017 -01/25/c_ 1120383155. htm。

③ http：//www. gov. cn/ldhd/2014 -02/25/content_ 2621669. htm.

舆论宣传、文化熏陶、实践养成、制度保障等，使社会主义核心价值观内化为人们的精神追求，外化为人们的自觉行动。”①

（四）增强社会主义意识形态话语权

意识形态建设一直是党和政府高度重视的文化建设领域之一，它对巩固党的执政根基、国家的政策实施、人民思想的健康和社会的稳定都有巨大的促进作用。党的十八大以来，党中央高度重视意识形态建设，提出要增强意识形态话语权，增强主流意识形态的公信力、吸引力和引导力，其中最重要的就是要用马克思主义理论体系来引导意识形态的建设。党的十八大以来，党中央坚持用马克思主义指导中国文化建设和文化发展，习近平同志在多个场合强调要加强意识形态引导工作，要增强社会主义意识形态话语权和解释力，并在实际工作中多次谈到，马克思主义要在意识形态领域、哲学社会科学体系建设领域、思想政治教育领域等文化领域占据指导地位，起到引领作用。在思想日益多元化的今天，坚持用主流意识形态引导社会思潮已经非常必要，习近平同志指出：“经济建设是党的中心工作，意识形态工作是党的一项极端重要的工作”。② 中国特色社会主义文化所坚持的方向必须是符合中国国情和中国人民的正确方向。党的十八大以来，党中央不断增强意识形态话语权，不仅从意识形态安全入手进行意识形态安全治理，而且对意识形态内容本身也进行了优化和创新，不断把中国传统文化和世界先进文化与马克思主义理论进行结合。与此同时，党中央还特别重视对意识形态传播渠道和方式的创新，注重在各种互联网平台上加强意识形态宣传和教育，旨在增强网络意识形态安全，引导网络舆论、化解网络风险、传播正能量。

（五）促进社会主义文化繁荣兴盛

社会主义文化繁荣兴盛是新时代中国特色社会主义的重要组

---

① http://www.gov.cn/ldhd/2014-02/25/content_2621669.htm.

② 习近平：《意识形态工作是党的一项极端重要的工作》，http://politics.people.com.cn/n/2013/0820/c1024-22634056.html。

成，也是中国特色社会主义文化建设所坚持的方向和目标。党的十八大以来，党中央重视文化建设要坚持社会主义方向，而非资本主义或其他；是社会主义的文化繁荣兴盛，而非其他主义的文化繁荣兴盛。2017 年，全党进行的党内政治文化建设，其中内容主要是传统优秀文化、革命文化以及社会主义先进文化，这也就决定了党内政治文化建设一定要坚持中国特色社会主义文化发展方向和党要带领全国人民促进社会主义文化的繁荣兴盛。促进社会主义文化繁荣兴盛关键是要在环境营造上、制度建设上和人才教育上做好准备。党的十八大以来，新时代中国特色社会主义文化建设突出了用文化自信来营造社会主义文化繁荣兴盛的优良环境，用党内政治文化建设、文化产业创新、文化事业发展等促进社会主义文化繁荣兴盛机制的完善，用思想政治教育和哲学社会科学体系的发展来培养具有中国特色社会主义文化特征的优秀人才。

二　新时代中国特色社会主义文化政策的时代特征

党的十八大以来，习近平同志就新时代中国特色社会主义文化发表了一系列重要讲话，作出了一系列重要指示，内容丰富、思想深邃，具有很强的理论指导性与现实针对性，形成了系统完整、博大精深的新时代中国特色社会主义文化理论体系，成为新时代中国特色社会主义思想的重要组成部分。这些文化思想站在时代高度，以马克思主义的科学态度和创新精神，科学回答了我们党和国家文化事业发展所面临的一系列理论与实际问题，开辟了马克思主义发展的新境界，具有鲜明的中国特色与时代特征。

（一）以习近平新时代中国特色社会主义思想为文化建设的理论基础

中国特色社会主义理论从内容架构上来说已经十分完整，从各个方面对中国特色社会主义进行全方位指导，并在实践过程中不断完善，为新时代中国特色社会主义文化建设提供了强大理论支撑。

新时代中国特色社会主义文化，不仅要在中国特色社会主义文化单一领域发挥作用，还要在党和国家全局发展中起到普遍地促进和协调作用。因此，新时代中国特色社会主义文化必须从整个中国特色社会主义理论体系中吸收营养，不断进行自我完善。党的十八大以来，中国共产党所提出的文化自信、建设党内政治文化、经济文化、社会文化、生态文化等构想和要求都是从整个中国特色社会主义建设全局来考虑问题的，新时代中国特色社会主义文化不仅要对党和国家全局事业进行文化指导，更要先从中国特色社会主义理论体系中获取全面的材料和养分。新时代中国特色社会主义文化不仅要作为中国特色社会主义理论的一部分来充实其内容体系，还要在中国特色社会主义理论中获取最基本的方法论指导、理论建构启示和文化创新灵感。

（二）以中华民族伟大复兴为文化建设的目标

“中国梦”是十八大以来党中央治国理政的重要指导思想和理念，是在2012年11月29日习近平同志参观《复兴之路》展览时提出的。他指出：“实现中华民族伟大复兴，就是中华民族近代以来最伟大的梦想”。而实现中华民族伟大复兴的“中国梦”在文化建设方面的体现就是文化复兴。文化复兴作为“中国梦”的一部分，是新时代中国特色社会主义文化思想建设的目标指引，为中国未来文化发展提供了重要的理论支撑、方向指引和愿景规划。文化复兴是集国家、民族和人民为一体的“中国梦”的重要组成部分，对民族凝聚力增强作用巨大。文化复兴与整个“中国梦”一样，是一个具有集体色彩的共同梦想。

文化复兴作为以习近平同志为核心的新一届领导集体在文化领域的重要内容，内涵十分丰富，主要可以从以下三个维度来理解和把握：第一，民族心理上的共同性构成了文化复兴形成的历史渊源；第二，文化复兴具有普遍的愿望表达性和广泛的利益代表性；第三，文化复兴有助于中国特色社会主义文化发展与和谐社会包容性的增长，可有效缓解矛盾，广泛汇集共识，拒绝不必要的争论，形成在实践中磨合、合作和发展的现实力量。①

（三）以坚持党性与人民性相统一为文化建设的基本原则

新时代中国特色社会主义文化的基本原则是坚持党性与人民性的统一。中国共产党的性质和宗旨决定了党中央的文化发展价值导向一定是人民。党的十八大以来，以习近平同志为核心的党中央始终坚持发展为了人民、发展依靠人民、发展成果为人民共享。从根本上来说，党性与人民性是统一的。党的十八大指出："要坚持以人民为中心的工作导向，为人民提供更好更多精神食粮，让人民享有健康丰富的精神文化生活。"② 党的十八届三中全会也明确提出，要以坚持人民为中心的工作导向作为文化体制改革的第一要求。随后在文艺工作座谈会上，习近平同志谈到了人民对文艺工作的重要性，他指出："以人民为中心，就是要把满足人民精神文化需求作为文艺和文艺工作的出发点和落脚点，把人民作为文艺表现的主体，把人民作为文艺审美的鉴赏家和评判者，把为人民服务作为文艺工作者的天职。"③ 人民是历史的创造者。人民不仅是物质文明的创造者，而且是精神文明的创造者。新时代中国特色社会主义文化不仅要为人民服务，而且还要依靠人民，引导广大人民群众参与文化建设，这也是习近平同志多次倡导的文化发展理念。"人民是文化建设的践行主体和力量源泉，任何文化建设活动都要以群众的实践和生活为基础，否则它就只是无根的浮萍、无病的呻吟、无魂的躯壳。"④ 由此可见，我们党和国家的文化建设一贯坚持党性与人民性的统一。

（四）以社会主义核心价值观引领为文化建设的主要功能

新时代中国特色社会主义文化方针的贯彻执行需要全体国民在

---

① 习近平：《全面贯彻落实党的十八大精神要突出抓好六个方面工作》，人民网，2013 年 1 月 4 日。http：//theory. people. com. cn/n/2013/0104/c83846 – 20083095. html.

② 《十八大以来重要文献选编（上）》，中央文献出版社 2014 年版，第 25 页。

③ 习近平：《在文艺工作座谈会上的讲话》，《人民日报》2015 年 10 月 15 日。

④ 李国泉：《习近平文化建设思想论纲》，《理论导刊》2016 年第 1 期。

价值观上加以认同，在思想上进行统一与整合，这样，国人才能够把统一的思想付诸行动，最终才能实现国家、社会、公民三大层面的建设目标。社会主义核心价值观作为文化建设中最精髓的部分是新时代中国特色社会主义文化的集中体现。对全体国人进行价值观教育和引导就是要让人民理解、认同、接受社会主义核心价值观，把核心价值观内化为思考问题的方式，外化为实践活动的习惯。党的十八大以来，培育和践行社会主义核心价值观是党和政府高度重视的长期任务，实践中一直把培育和践行社会主义核心价值观放到国民教育的全过程之中，放到党员干部和人民群众的实际生活空间。党的十八届三中全会确立了市场在资源配置中的决定性作用，市场经济进一步带来了个体意识的增强，社会思想和文化多元化发展已经成为常态和趋势。在这样的背景下，新时代中国特色社会主义文化建设的一个核心任务就是用主流的价值观来对各种思想进行引导和整合，倡导民众在思想上形成共识，以更好地进行更大规模的合作和发展。核心价值观是符合中国人民长远利益的正确价值观念，培育、引导和践行核心价值观对中国特色社会主义文化发展具有重大意义。

（五）以坚持文化传承与创新为文化建设的路径

优秀传统文化在整个新时代中国特色社会主义文化中起基础性作用，把中华民族优秀传统文化创造性地运用于当今文化建设中就显得尤为重要。传统优秀文化若能为当今文化事业发展所充分地吸收和利用，将会产生无比强大的精神力量和文化魅力，因此，新时代中国特色社会主义文化最终需要在中国特色社会主义文化道路上对传统文化大胆继承和创新。习近平同志在中共中央政治局第十二次集体学习时就强调了坚持中国特色社会主义文化道路的必要性，他指出：“要坚持走中国特色社会主义文化发展道路，深化文化体制改革，深入开展社会主义核心价值体系学习教育，广泛开展理想信念教育，大力弘扬民族精神和时代精神，推动文化事业全面繁荣、文化产业快速发展。”[①] 习近平同志在省部级主要领导干部学习贯彻党的十八届三中全会精神全面深化改革专题研讨班开班式上，对传统文化的运用与发展也进行了重点论述，他指出：“要加强对中华优秀传统文化的挖掘和阐发，努力实现中华传统美德的创造性转化、创新性发展，把跨越时空、超越国度、富有永恒魅力、具有当代价值的文化精神弘扬起来，把继承优秀传统文化又弘扬时代精神、立足本国又面向世界的当代中国文化创新成果传播出去。只要中华民族一代接着一代追求美好崇高的道德境界，我们的民族就永远充满希望。”[②]

（六）以文化强国战略为文化建设的强大保障

新时代中国特色社会主义文化包含的内容极其丰富，要确保其有效地贯彻落实，需要党中央对整个文化发展进行顶层设计，制定出实现文化强国目标的发展战略。完善的文化强国战略将为新时代中国特色社会主义文化发展提供强大保障。习近平同志在中央全面深化改革领导小组第二次会议上就实现文化强国目标进行战略性的安排时说：“要紧紧围绕建设社会主义核心价值体系、建设社会主义文化强国，完善文化管理体制和文化生产经营机制，建立健全现代公共文化服务体系、现代文化市场体系来做好工作，以此推动社会主义文化大发展大繁荣。”[③] 在新时代中国特色社会主义文化建设中，实现文化强国发展战略需要始终保持文化自信。文化自信是最深层次的自信即底层自信，对中华优秀文化形成的自信会焕发出强大的精神力量和活跃的创造灵感，这些稳定的情感因素和精神活跃因素为实施文化强国战略和进行新时代中国特色社会主义文化建

① 习近平：《建设社会主义文化强国，着力提高国家文化软实力》，新华网，2013年12月31日。http：//news. xinhuanet. com/politics/2013 -12/31/c_ 118788013. htm.

② 习近平：《省部级主要领导干部学习贯彻十八届三中全会精神全面深化改革专题研讨班开班式上的讲话》，新华网，2014年2月17日。http：//news. xinhuanet. com/photo/2014 -02/17/c_ 119374303. htm.

③ http：//paper. people. com. cn/rmrbhwb/html/2016 -07/13/content_ 1694983. htm.

设提供了最基本的保障。“在几千年文明发展中孕育的中华优秀传统文化，在党和人民伟大斗争中孕育的革命文化和社会主义先进文化，积淀着中华民族最深层的精神追求，代表着中华民族独特的精神标识。”① 这些独特的精神标识必将推进中国特色社会主义文化蓬勃发展，为新时代中国特色社会主义文化建设发挥基础性作用。

第六节　文化政策的转变触发对文化指数的理论和实践需求

文化政策是一定社会共同体处理文化事物的指导方针和实践遵循。从上述对中华人民共和国成立60多年来的文化政策建构来看，我国文化政策从无到有，取得了令人瞩目的成绩，初步建立了中国特色的社会主义文化政策体系。从政策目标的维度看，我国文化政策聚焦的文化建设内容都是国家意志在文化领域的体现，代表着执政党对文化建设目标的设定。而国家意志与人民个体利益并非完全一致，甚至在某些情况下还相互矛盾。马克思就曾毫不避讳地指出：“随着分工的发展也产生了个人利益或单个家庭的利益与所有互相交往的人们共同利益之间的矛盾”②。但与一般民主国家执政党与政府单纯美化国家意志不同，以马克思主义作为指导思想的中国共产党从不回避矛盾，而是积极地促进矛盾向好的方面转化，以兼顾国家意志与人民个体利益。这一点在国务院文化政策文件中就得到了很好的体现。具体来说，对内目标：立足于国家经济社会发展与人民群众需要，主要通过公共文化服务、文化体制改革和文化规制等措施，不断满足人民群众日益增长的多样化的文化需要，提升人民群众的文化获得感和幸福感；对外目标：立足于国家经济全球化背景下民族国家间竞争转向“软实力”竞争的事实，主要通

① 习近平：《在庆祝中国共产党成立95周年大会上的讲话》，新华网，2016年7月1日。http：//news. xinhuanet. com/politics/2016－07/01/c_ 1119150660. htm.

② 《马克思恩格斯全集》第3卷，人民出版社1960年版，第37页。

过文化传承与保护、文化交流与贸易和意识形态教育，致力于构建民族文化身份，提升文化自信，提高国家文化软实力，使本民族文化在文化多元化和文化霸权并立的激烈竞争环境中立于不败之地。这两类国家目标不仅体现了国家意志，也代表了人民的利益。尤其是现代公共文化服务体系的建构极大地满足了广大人民群众的个体文化需要。

从对文化功能定位的角度看，改革开放以来国家对文化功能的定位经历了从辅助性社会资本到国家“软实力”核心的转变过程，文化的政策定位也经历了从单一——简单功能到整体功能转变的过程。我国“六五”计划到“十五”计划时期的文化功能定位相较于经济建设与政治建设而言，文化建设处于一个相对次要的位置，并将其功能理解为辅助性的社会资本，为政治稳定和经济建设提供支撑，尚未真正把文化提升到国家发展的战略高度去认识。到了“十五”计划期间，文化建设才真正进入国家关注的视野，尤其是文化规制、文化传承与保护和农村社会主义先进文化供给成为了国务院政策关注的重点领域。这在很大程度上意味着，在政策执行领域，文化逐步“独立”出来——从经济建设与政治建设的辅助性地位，分离转变为完全独立的国家建设领域。文化建设是一种“软实力”，是国家建设的重要组成部分。基于国际竞争的“文化软实力”构建、基于文明冲突背景下的思想意识形态建设、基于文化自信的文化保护与宣传、基于公平和共享价值理念下的现代公共文化服务体系构建都成为国家文化政策的重要目标导向。

文化政策的转变，从两方面触发了对文化指数系统研究和实践的需求。其一，诸如对如何评估政府对社会文化力量和资源扶持及资助的成效，如何衡量民众文化活动的参与率，如何考量文化多元性及其活力，如何测量文化资本存量及创意经济贡献率等问题，单纯定性分析已不能满足政策实践的需要，政策检视日益需要建立在适当的、可比较的与可靠的统计数据及定量分析基础之上；其二，随着“服务型政府”建设和文化治理现代化的持续推进，公共机构乃至文化制度需要更加透明的运作方式，同时，政府也需要通过建立可靠、可比较的统计数据来提高公共政策及法令的可信度，因此迫切需要在社会科学及政策分析领域建立发展绩效评估机构或衡量文化政策成效的指数。文化统计与指数系统由此就不再仅仅作为观察文化发展动向、监测文化发展水平的工具，更是评判各项特定文化政策执行效果的重要依据。加强文化统计研究及数据分析，特别是推进文化统计数据的标准化，完善统计模型的建构，是形成规范性文化指数体系的基础，是对文化发展状况作出简明、综合的客观判断的基础，同时也是描述、贯彻和评价所执行的文化政策的基础。在具体使用方面，文化指数所呈现出来的数据不只是政策规划时必要的参考依据，也是检验政策绩效时重要的标尺。文化指数成功地运用于反映文化艺术活动的开展、公民的文化素养及文化需求状况，并对文化政策、文化产业的发展进行了监测、评估，为国家文化政策实施效果、决策落实程度的判定提供了依据和标尺。

第三章 建立中国文化发展指数体系的意义和作用

第一节 建立中国文化发展指数体系的意义

一 建立中国文化发展指数体系是实现“中国梦”的战略需要

建立中国文化发展指数体系是抓好文化建设的重要体现。党的十八大报告明确提出：“文化是民族的血脉，是人民的精神家园。全面建成小康社会，实现中华民族伟大复兴，必须推动社会主义文化大发展大繁荣，兴起社会主义文化建设新高潮，提高国家文化软实力，发挥文化引领风尚、教育人民、服务社会、推动发展的作用。”①

全面建成小康社会，实现中华民族伟大复兴的“中国梦”，必须推动中国特色社会主义文化的繁荣昌盛。中华民族近代以来最伟大的梦想，就是实现中华民族的伟大复兴。全面建成小康社会，就必须建设具有先进性特征的中国特色社会主义文化。具有先进性特征的中国特色社会主义文化，能够促使人们追求真善美、抵制假丑恶，追求幸福和谐、纠正无序混乱，追求公平正义、反对徇私枉法，彰显“中国梦”蕴含的中华民族伟大复兴的精神品格、理想

---

① 胡锦涛：《坚定不移沿着中国特色社会主义道路前进，为全面建成小康社会而奋斗》，《人民日报》2012 年 11 月 18 日。

境界和价值追求，体现的文化整体实力，决定着实现“中国梦”的基本功能和前行方向。先进文化的聚合融通功能为“中国梦”提供了源源不断的理论支撑、思想先导和精神动力，是推进“中国梦”激情放飞和绚丽盛开的源动力和内驱力。蕴含社会主义文化先进性的“中国梦”，大气磅礴，豪气干云。建设文化强国，使中华文化在世界民族文化之林中，焕发出独有的魅力和光彩，就要发挥文化引领风尚、教育人民、服务社会、推动发展的作用，鼓舞中华儿女忘我奋斗、不懈努力。

二　建立中国文化发展指数体系是提升我国文化“软实力”的客观需要

文化是衡量国家和地区经济社会发展水平和人民生活水平的重要标志，是全面建成小康社会和实现社会主义现代化的重要内容。我国文化“软实力”建设由于文化的特殊性，具有长期性、综合性、艰巨性的特点，不可能一蹴而就、一气呵成，而是需要踏踏实实的务实的建设。由于文化“软实力”建设的特点不同于既往可以用数据来量化的经济建设，因此长期以来，有些地方在实际工作中把文化建设看作软任务、软指标，文化“软实力”建设被虚化、淡化以至边缘化，沦为一种点缀性、补充性的工作，于是出现了“说起来重要，干起来次要，忙起来不要”的现象。要预防和解决这些问题，仅仅诉诸道德说教和行政强制是远远不够的，这就需要建立中国文化发展指数体系，对文化“软实力”建设的责任主体设定“硬约束”，形成鲜明的发展导向、工作导向和考核导向，促使各级政府部门从根本上改变纯粹以经济论英雄、以 GDP 等经济指标考核政绩的观念和做法，做到“经济硬实力”和“文化软实力”两手抓，两手都要硬。文化已经成为衡量经济社会发展水平和人民生活水平的重要标志，全面建成小康社会和实现社会主义现代化，文化建设的地位和作用不可替代。

三　建立中国文化发展指数体系是实现文化惠民的有效途径

“让人民享有健康丰富的精神文化生活，是全面建成小康社会的重要内容。”① 建设社会主义文化强国，必须把满足人民群众日益增长的精神文化需求作为社会主义文化建设的根本目的，文化发展必须依靠人民、文化发展必须为了人民、文化发展成果必须由人民共享，才能切实保障人民群众的基本文化权益。建立中国文化发展指数体系，就是要紧紧抓住满足人民群众精神文化需求、促进人的全面发展这个“牛鼻子”，贴近实际、贴近生活、贴近群众，让文化发展成果惠及全体人民；就是要切实尊重人民群众的主体地位和首创精神，总结人民群众在实践中创造的新鲜经验并及时加以推广，充分激发全社会的文化创造活力；就是要做到发展为了人民，发展依靠人民，发展服务人民，让每一个公民都充分享有基本的公共文化服务，使公民的文化权益得到切实和充分的保障。

四　建立中国文化发展指数体系是文化可持续发展的内在要求

当今世界正处在大发展大变革大调整时期，文化在国家发展和人类进步中的作用日益凸显，迫切需要从文化的高度审视传统发展理论和发展道路；文化与经济、政治、社会、生态关系更加紧密，迫切需要文化成为经济社会发展和人的全面发展的支撑力量；国与国之间相互依存不断加深，人文交流日趋深入，迫切需要文化发挥增信释疑、沟通心灵、深化友谊的独特优势。2013 年 5 月 15 日，在联合国教科文组织举办的“文化：可持续发展的关键”国际会议上，刘延东同志指出：“当前，走可持续发展道路已成为各国的共同选择，只有把可持续发展的理念凝聚成文化的共识，转化为人们的自觉行动，世界才能拥有更加美好的未来。”“以文化之力塑

---

① 胡锦涛：《坚定不移沿着中国特色社会主义道路前进，为全面建成小康社会而奋斗》，《人民日报》2012 年 11 月 18 日。

造人与人、人与社会、人与自然的和谐关系，为可持续发展提供强劲动力。”

随着我国市场经济的深入发展和对外开放的不断扩大，我国文化建设的经济基础、体制环境、社会条件发生了深刻变化。努力建设文化强国，是适应经济社会发展要求、应对经济全球化和知识经济挑战的必然要求，是代表先进文化前进方向，发展和繁荣中国特色社会主义文化，促进经济、政治、文化、社会、生态全面协调发展的战略举措，是全面提高公民整体素质，满足人民群众日益增长的精神文化需求，实现文化可持续发展的内在要求。建立中国文化发展指数体系，就是要紧紧抓住增强文化可持续发展能力这个关键，主动把握世界文化发展的大潮流和大趋势，立足于世界文化发展的前沿，主动调整国家文化发展战略，主动适应当代文化发展信息海量化、内容丰富化、手段科技化、传播网络化、形式市场化、路径多样化的基本趋势，主动走进和适应国际文化市场，发出中国声音，讲好中国故事，展现中国气派，体现中国精神，使我们的文化理念被国际社会所接受，文化产品为国际社会所接纳，文化市场与国际规则相衔接，推动文化又好又快发展。

五　建立中国文化发展指数体系是促进经济高质量发展的必然要求

当今时代，经济社会发展正在步入“软驱动”替代“硬驱动”的新阶段。文化作为一个国家和地区“软实力”的主要构成要素，越来越成为推动国家和地区经济社会发展的内在驱动力量，越来越成为提升国家和地区综合实力和核心竞争力的优势战略资源。建立中国文化发展指数体系是促进经济高质量发展的必然要求，是推动文化产业成为国民经济支柱性产业的必然要求。肇始于2007年的全球金融危机，凸显了文化在应对金融危机过程中不可或缺的重要角色和不可替代的独特作用，凸显了文化产业是调整和优化经济结构、产业结构，转变经济发展方式的重要战略支点。因为调整经济结构、转变经济发展方式，从更深层次上看，是深刻的思想观念、思维方式的变革，是文化的变革。如果缺少必要的文化条件，就不可能完成经济发展方式的转变。文化产业作为科技含量高、资源消耗低、环境污染少、就业容量大，促进经济社会绿色发展、低碳发展的“生产性服务业”，能够与第一产业、第二产业、第三产业进行横向融合，可通过价值链、产业链和空间链的分配来组织生产流程，改进管理模式，提升自主创新能力，使经济发展的文化含量和技术含量增厚，使经济发展方式更有活力，更具竞争力。

第二节 建立中国文化发展指数体系的作用

一 中国文化发展指数体系在科学预测、制定文化发展战略目标中发挥基础性作用

中国文化发展指数体系是中国文化强国目标在区域层面的具体化与数量化。中国文化发展指数体系从宏观和微观的结合，比较客观、全面地反映各省区市的文化发展状况，科学、客观的定性和定量分析，能够比较科学、准确地反映文化发展的实际。如把公共文化服务、文化产业与文化市场、文化发展影响力、文化发展环境等以数量化描述出来，能够对各省区市文化建设状况进行具体和量化的了解和掌握。

中国文化发展指数体系是国家和各省区市制定和实施文化发展战略、文化发展规划、文化发展预测、文化发展政策的基本依据，在国家和各省区市科学预测、制定文化发展战略中发挥基础性作用。长期以来，不少地区由于在制定文化发展目标和规划时，往往注重质的规定而缺乏量的规定，没有刚性指标的约束，年年进展不大，难以实现预期的效果。有了科学、接地气、可操作的中国文化发展指数体系之后，决策部门就可以依据这个指标体系，总揽全局，心中有数，知得失，明短板，不仅可以科学地制定文化发展的近期、中期的发展目标和规划，而且也可以科学地预测、制定远期

文化发展的战略，设计实现战略目标的实施路径。

二 中国文化发展指数体系在区域文化建设中发挥导向性作用

文化是一个民族的思想旗帜和精神标志。文化通过其所包含的风俗、道德、法律、价值观念等诸要素，有助于为社会成员提供良好的、有系统的道德行为准则，为社会成员提供正确的行动蓝图。不同的文化价值、文化形态、文化结构提供社会不同的行为蓝图和行为规范。社会主义先进文化建设的重要任务之一，就是通过发挥文化引导社会、教育人民、推动发展的功能，引导并强化社会成员树立与中国特色社会主义建设相适应的思想道德观念和文化行为，为社会成员提供与现代化相适应的行为蓝图和行为规范。

中国文化发展指数体系在区域文化建设中能够发挥明确的发展导向、工作导向和考核导向作用，掀起文化建设大发展大繁荣的新高潮。根据中国文化发展指数体系对特定区域的文化建设水平进行描述、评价后，我们可以了解该地区文化建设进程中的优势和薄弱环节，可以从纵横两方面发现发展的差距，从而挖掘自身发展的潜力，明确哪些该坚持，哪些该完善，哪些该克服。中国文化发展指数体系为区域文化的繁荣昌盛指明了方向。

三 中国文化发展指数体系在检查文化发展规划执行情况中发挥标准化作用

长期以来，许多地方的文化工作只是一项软任务，上面有什么布置，下面才有相应的动作。在实践中，文化作为软任务又常被冲击，或被搁置，往往不能达到预期的效果。究其根本，在于文化建设缺乏一种刚性的、标准化的制度保证。科学的中国文化发展指数体系，是区域综合竞争力建设综合监测体系的重要部分。以科学的理论作指导，以科学的分析和描述为依据，以科学的测量和评估方法为支撑，建立标准化的、可操作的中国文化发展指数体系。

科学的评价指标体系能够使文化建设的“软”指标“硬”起

来。对公共文化服务、文化产业与文化市场、文化发展影响力、文化发展环境等进行量化，以标准化评价指标体系为依据实施公正、客观的评估，具体地评估一定时间段内某地文化发展规划的执行情况，公正、客观地肯定成绩和经验，同时也公正、客观地找出差距和问题。

科学的评价指标体系能够使文化建设转化为各级政府相关部门的自觉行为。通过深化改革，把文化建设成效切实纳入政府的工作考核目标，明确界定文化建设相关部门的责、权、利，既分工，又合作，促进协调，形成良性互动的格局，从而避免检查和考核工作出现走过场、“一言堂”等形式主义、官僚主义现象，也可避免文化建设规划、发展战略因人而异、因地而异的情况发生，使检查和考核工作公开、公正地开展，使得出的结果令人信服。

四　中国文化发展指数体系在反映人民文化生活的满足程度上发挥可操作性作用

在“十二五”时期，我国常住人口城镇化率达到55%，意味着将有一半以上的人口工作和生活在城镇，这不仅会提升他们的生活消费，而且在农民成为市民以后，其消费支出将大大高于在农村时的消费。① 人们随着物质生活水平的提高，追求精神文化生活的愿望会越来越强烈。根据国际经验，当人均GDP超过3000美元的时候，文化消费会快速增长；当人均GDP接近或超过5000美元，文化消费则会出现“井喷”式增长。“十二五”期间，我国人均GDP达到7800美元左右，这意味着我国居民文化消费潜力还远未得到释放，文化消费空间将会进一步扩大，文化建设有着巨大的市场空间和发展潜力。

抓好文化建设是全面建成小康社会和实现社会主义现代化的必

---

① 参见新华网《〈瞭望〉文章：解读“十二五”规划，布局六大战略任务》，http://news.xinhuanet.com/fortune/2010-07/19/c_12347942_3.htm。

然要求。建成小康社会不仅意味着人民物质生活更加殷实，也意味人民精神文化生活更加丰富多彩。社会主义现代化不仅要求“硬件”现代化，也要求“软件”现代化。中国文化发展指数体系在反映人民文化生活满足程度上可以发挥可操作性作用。通过对中国文化发展指数体系的分析和描述，可以揭示出文化发展中的问题和群众的文化趋向，提出文化工作的建议，改进文化管理与服务，提升文化管理现代化的水平和能力。

第四章　国内外文化发展相关指数研究及借鉴

如前所述，目前国内外比较常用且认可度较高的文化、创意相关指数主要包括欧洲/全球创意指数（基于 3Ts 的 ECI/CCI）、香港创意指数（HKCI）、中国文化现代化指数、上海城市创意指数、中国省市文化产业发展指数（UCII）、中国文化产业发展指数（CCIDI）等等。本章将遴选其中具有代表性和影响力的指数，比较其共性和差异点，在此基础上总结对中国文化发展指数的启示，为指数构建提供有益借鉴。

第一节　指数及指标体系构架

一　欧洲创意指数（ECI）

欧洲创意指数主要框架来自于美国城市社会学家 Richard Florida 的 3Ts 理论[①]，3Ts 指的是人才（Talent）、技术（Technology）和宽容（Tolerance）三个关键要素。其框架如下页图。

作为一项创新性的工程，欧洲创意指数不仅对学界研究创意生产力、经济增长和国家竞争力三者之间的动态关系有巨大的影响

① 2004 年 Florida 与 Irene Tinagli 合作，将 3Ts 框架应用于欧洲，在《创意时代的欧洲》一书中对欧洲 14 个国家的创意经济发展要素与美国的情况做了比较，最后 Florida 在报告中对 3Ts 指标体系进行修订，建立了欧洲创意指数（European Creativity Index，ECI）。

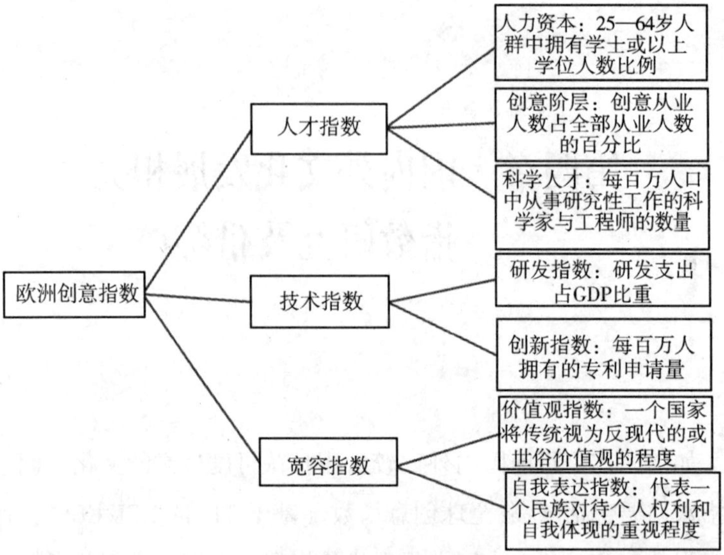

图1　欧洲创意指数框架

力，而且对世界各国文化创意比较研究也有着引领作用和借鉴。

二　香港创意指数（HKCI）

随着香港经济对“知识、信息、创意”的日趋依赖，香港特区政府设计了香港创意指数，香港创意指数的主要功能是衡量香港创意经济的产出，同时评估筛选有助于创意产业发展的创意活动和决定性因素。该指数可以论证经济活力与核心竞争力之间的动态关系①。

三　中国文化现代化指数

文化现代化可以从多角度进行评价分析，中国科学院中国现代化研究中心发布的文化现代化指数则选择了文化生活现代化指数、文化竞争力现代化指数和文化影响力现代化指数三个一级指标进行评价，但是由于三级指标中的部分指标出现交叉，因此在制作指标

① http：//www. docin. com/p－558589807. html 香港创意指数解读。

体系的时候未将三个指数作为文化现代化的一级指标进行综合评价，而是分为三个指标体系单独进行衡量。

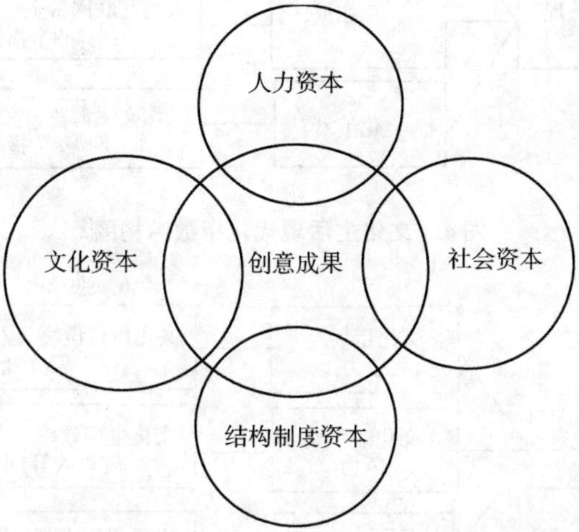

图2　“5C”架构①

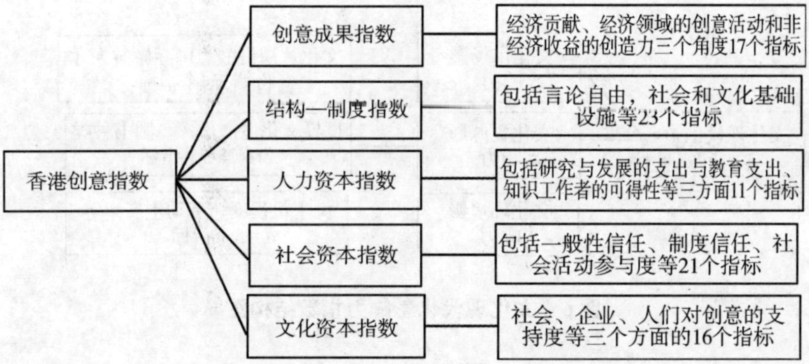

图3　香港创意指数结构图②

---

① 资料来源：香港特别行政区民政事务局《香港创意指数中期报告》，2004年，第36页。

② 根据香港大学文化政策研究中心《香港创意指数研究》（*A Study on Hong Kong Creativity Index*），2004年版整理而成。

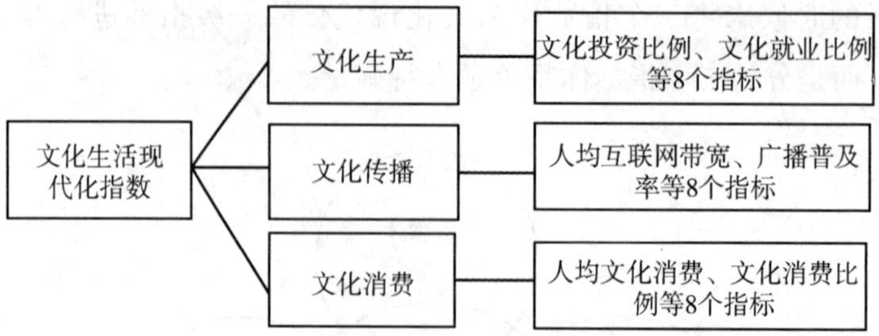

图 4　文化生活现代化指数结构图

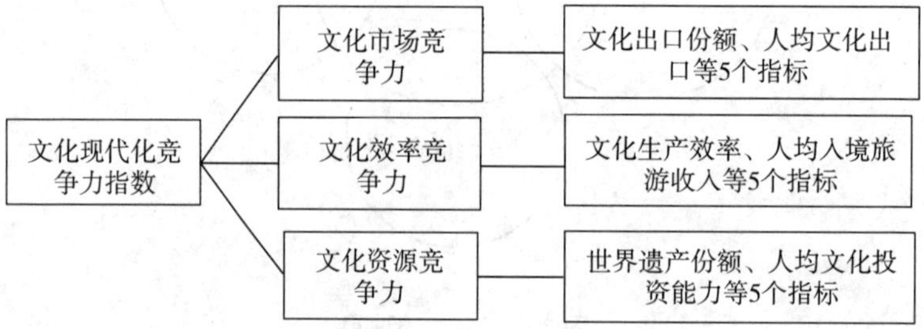

图 5　文化现代化竞争力指数结构图

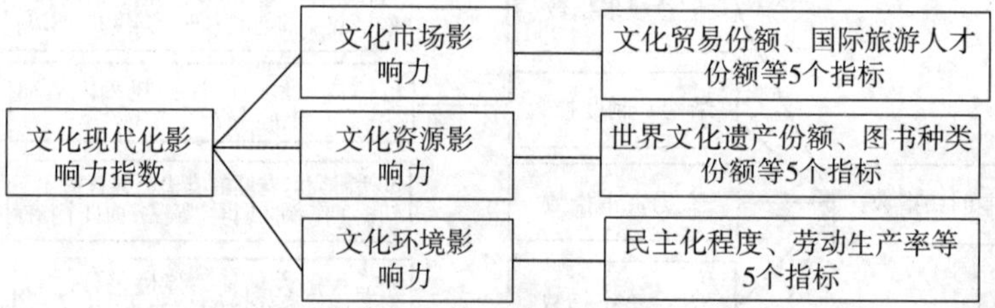

图 6　文化现代化影响力指数结构图①

四　中国省市文化产业发展指数（UCII）

中国人民大学文化创意产业研究中心发布的中国省市文化产业发展指数，省市文化产业发展指数建立的目的是服务我国文化发展战略，反映全国文化产业发展的整体状况以及各省市文化产业的具

① 图 4—图 6 根据中国现代化战略研究课题组《中国现代化报告 2009——文化现代化研究》第 265—281 页整理而成。

体现状，有助于省市之间的比较分析。

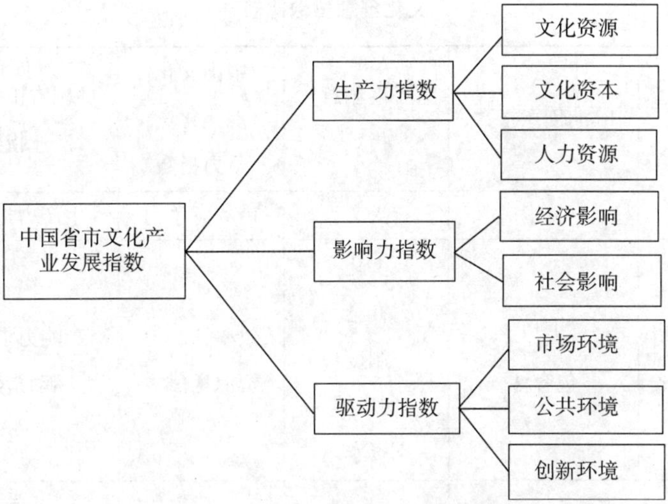

图7　中国省市文化产业发展指数①

第二节　国内外文化发展相关指数比较研究

根据上节对国内外相关文化创意指数体系的整理，以下将从指标构成、数据获取渠道、权重比例、理论依据四个方面对四个文化创意指数进行比较。

一　指标选择比较

（一）指标选择的共性

通过对四个创意指数的一级指标的归纳比较发现，虽然每个创意指数的表述上都有差异，但稍加注意就会发现无论是文化现代化、还是文化创意产业的发展，其核心都离不开人才、技术和文化，而这三点正是美国城市社会学家 Richard Florida 提出的 3Ts 理

---

①　图7参见彭翊《中国城市文化产业发展评价体系研究》，中国人民大学出版社2011年版，第189页。

论的基础要素。

表 1　　文化创意指数比较

	欧洲创意指数	香港创意指数	中国文化现代化竞争力指数	中国省市文化产业指数
	技术	人力	市场竞争力	生产力指数
一级指标构成	人才 包容性	文化 社会 制度 创意 资本	效率竞争力 资源竞争力	影响力指数 驱动指数
一级指标权重数据获取渠道	等权重 数据来自国际劳工组织欧洲国家数据库等部门以及“欧洲晴雨表”等调查结果	等权重 数据来自香港人口普查和统计部的数据库	非等权重 数据来源于联合国相关机构和世界银行统计数据	等权重 定量指标数据来自统计年鉴和政府主管部门工作报告，定性指标采取调研获得
框架理论基础	以 3Ts 架构为依据	以 5C 架构为依据	借鉴国际竞争力评价体系理论基础	借鉴亚太区域国际文化产业评价体系理论基础，综合波特钻石评价体系要素和文化产业金字塔模式

第一，文化以及文化创意产业发展最关键在于人才，相当规模的人才和较高的智力支持是文化以及文化创意产业发展的核心。文化创意来源于人的创造力，而创意产业与其他制造业的最大区别在于，它是以智力资本为主，依靠人的创造力、技巧及天赋来创造财

富，促进经济增长的产业形式。因此，四个指数都毫无例外地选择了人才、人力作为核心指标。人才的集聚存在“乘数效应”和“规模效应”，创意人才在地理空间上表现出向中心城市或大都市集聚的特点，在城市越多的集聚就可以吸引更多的人才，城市的文化设施、自由氛围、宽容精神和开放度为创意人才的创造性工作带来各种发展机会，城市由此获得人力资源的规模效益，从而获得城市竞争力的提升。欧洲创意指数和香港创意指数都直接选取了人才作为一级指标，中国文化现代化竞争力指数在文化资源竞争力指标下设置了“国民文化素质”①，中国省市文化产业指数则在产业生产力的指标下设置了“人力资源”。这些要素内核就是人才（Talent）。

第二，科技研发是创意经济的灵魂，创新能力的每一次提升，都将推动创意经济持续快速向前发展。科技进步不仅可以推动文化创作力、传播力和影响力大幅提升，还直接引导文化产品形态发生重大变化，同时深刻影响文化发展的创新理念②。从文化创意产业发展的趋势可以看到，部分高端的文化创意业态是直接由科技推动发展起来的，科技在不断拓展文化创意产业的外延，为各种新兴业态的兴起提供源动力。因此，基于3Ts理论的欧洲创意指数直接选取了技术作为一级指标，而香港创意指数在人力资本的二级指标中（见图3）就设置了“研究及发展的支出与教育的支出”，从商业、高等教育和政府三个层面计算了研发支出占本地GDP的百分比。中国省市文化产业指数（见图7）则在文化驱动力的下一级指标创新环境中设置了“文化科技、科研单位人均科研经费”指标。

第三，文化现代化和文化创意产业的基石无疑都是文化。基于3Ts理论的欧洲创意指数用“包容性”指数反映了多元文化对创意产生的刺激作用；香港创意指数直接选用“文化”作为一级指标

① 国民文化素质的指标含义：大学普及率（%）。

② 闫海军：《文化强国建设的创新驱动与转型发展》，http://blog.sina.com。

的构成；文化现代化竞争力指数则用文化资源竞争力反映文化发展的环境；中国省市文化产业指数则把“文化”这个因素分别放在了产业影响力下的文化包容度和文化氛围两个三级指标，以及产业驱动力下的公共环境。

（二）指标选择的差异

虽然以上四个指数均主要侧重于文化创意，在指标的选择上呈现一定的同质性，但他们由于各自研究对象的具体情况与研究目的不尽相同，所以指标选择上仍存在明显的差异之处。

欧洲创意指数是从区域层面展开，其建立参考了美国创意指数，而欧美的文化创意产业与我国文化产业的内涵有较大差异，表现之一就是欧美高度发达的版权业是其文化创意产业的一大支柱业态。因此欧洲创意指数在指标选择上更强调研发和高科技创新。而衡量指标中部分变量则基于当地的传统价值观设定，适合应用于欧洲。

香港文化指数主要用于评估创意时代香港的竞争力，同时，为了与相邻区域和其他主要亚洲城市的创意活力进行比较，在指标选择上同时考虑了其他城市的情况，因此这一套指数具有一定的普适性，可以用于亚洲其他主要城市的文化创意评价。与反映竞争力和创新指数的其他国际基准相比较，香港创意指数扩展了指标的范围，不仅涵盖了创意产业的相关环节，在创意供给、创意需求和创意分配方面都有附属的具体指标，用以衡量一个城市创意产业对经济的贡献。与其他指数相比，香港文化指数涵盖的范围除了创意的相关环节，更扩大到从法律体系、言论自由、国际惯例、社会和文化的基础结构到研发、教育、人力资本和规范与价值、文化参与等一系列关涉社会基础和公众利益的指标。

文化现代化指数则立足于国际层面的比较分析，而迄今为止关于文化和文化产业的统计数据尚十分局限，具有各个国家的可比性的统计数据非常少，因此为适合比较宽泛的比较对象，指标设定相对简单。指标选择主要评估的是竞争力现状，动态性反映不够，所有指标都是客观性指标，缺乏主观性指标。

中国省市文化指数主要评价对象是国内各省市，而三个一级指标又可独立成单个指标体系，因此其指标选择主要侧重于硬件、软实力等方面，同时兼及人的参与度，属于定量定性相结合的指数。

二　数据获得渠道比较

从四个指数比较分析可以判断，定量的数据来源几乎都来自官方的统计数据或者工作报告，可信度高。而对于一些主观性比较强的指标，则采取了问卷调查等形式进行数据收集。

三　一级指标权重比较

欧洲创意指数、香港创意指数和中国省市文化产业指数均采用了等权重的方式进行计算，而文化现代化竞争力指数采取非等权重的方式分配比例。相关资料显示，文化竞争力的权重为文化市场竞争力: 文化效率竞争力: 文化资源竞争力 =5∶3∶2。这些创意指数在计算过程中都采用了主观赋权法，相对而言，现代化竞争力指数更明确了一级指标的重要性差异。

四　指标的理论基础比较

欧洲创意指数的理论基础就是美国卡内基梅隆大学理查德·佛罗里达教授提出的3Ts；而香港创意指数也是在创造性地吸纳了“3Ts”模型及其应用成果“欧洲创意指数”的精髓，结合香港实际构建的5C模型；中国文化现代化竞争力指数借鉴了国际竞争力的评价原理，从文化现代化的角度考虑，文化竞争力是指在开放和竞争的国际体系中，国家保持和提高国民文化生活质量、文化创造力、国家文化市场份额和国家文化地位的能力，根据其原理，将文化竞争力分解为三个一级指标。中国省市文化产业指数则是根据文化产业理论，从投入、驱动和产出三大环节，揭示了文化产业发展的内在因素与动力的基础，综合考虑了经济、社会、政治等影响，并结合三大理论基础构建了三个一级指标。

综上所述，通过对比不同国家和城市创意指数体系，我们发现，基于3Ts理论的创意指数（包括3Ts指数、欧洲创意指数、全球创意指数）将测量国家从美国延伸到欧洲14个国家，再到包括中国、印度等亚洲国家。但是，上述指标体系建立在对发达国家创意经济的基础上，很多数据在中国环境下很难得到。而目前的国内相关指标体系多数是根据欧美已有的指标体系再结合地域特点推导而来。

第三节 国内外相关研究的启示

一 扎实的理论基础决定指数体系的科学性

通过对国内外相关指数的比较研究，可以得出以下结论，无论是欧洲创意指数的3Ts理论、香港创意指数的5C构架，还是中国省市文化发展指数等，各个指数的理论基础对其评价体系的支持作用十分明显。一个科学的评价体系，必须有一套严密的理论作为基础。指标体系是对客观系统的主观抽象和模拟，由于客观系统本身就是以某种逻辑体系存在的，人们为揭示客观系统的这种逻辑体系建立了种种理论，因此建立任何一种评价指标体系都必须有科学理论依据，并以其为指导，将理论、方法和实践有机结合起来，才能科学有效地反映评价对象的内在联系。文化发展涉及方方面面，每一方面涉及众多的因素和变量，所以它不仅是一个内在关系极其复杂的大系统，同时也必然是一个理论含量十分丰富的逻辑体系。因此，要处理这样一个复杂系统，首先要对评价对象的内涵外延以及逻辑关系等进行研究，使理论基础对评价体系的指标选择以及评价方法等起到支撑或指导作用。

二　关键指标的选择决定指数体系的准确性

任何指标体系，关键指标的选择都将决定该指标体系是否能准确真实反映监测对象。由于文化、创意的范围比较宽泛，影响因素众多，而我们所统计的数据的指标指向性相对较弱，因此指标的功能界定分析和筛选就显得尤为重要。如果一个指标体系中的指标太少，会导致反映的信息量不足，从而影响指标体系分析与评价结果；反之如果指标太多，就会出现大量的冗余信息，增加分析计算的难度，而且过多的指标会互相干扰，稀释关键因素的重要作用。如香港创意指数，其指标的数量多达 88 个，且层次较多，而且 88 个指标中的部分指标还难以量化，个别指标又存在交叉重复，其评价结果的准确性和有效性值得商榷。协同学中指出在系统的发展过程中，系统的有序结构是由少数几个参量来描述的，所有的子系统都受着少数几个变量的支配[①]，因此找到这几个关键性指标就会大大增强指标评价结果的准确性。

三　数据来源的权威性、可获得性决定指数体系的可比性

由于对文化产业属性的认知尚存在不明晰，导致我国文化统计相对滞后，部分统计数据尚属空缺。中国文化发展指数对省或者城市的考量，要做省市之间的比较，在设计指标时，除综合考虑相对数和绝对数形式，还必须考虑数据的权威性和可获得性，否则可能因数据来源的局限、不同城市统计口径不同、某些指标缺失，导致无法进行城市之间的科学比较，甚至可能会出现因为缺乏统计数据而不得不放弃一些重要指标。因此判断，数据的权威性和可获得性是指标体系评估结果具有可比性的重要因素。

① 王新华等：《复杂大系统评价理论与技术》，山东大学出版社 2010 年版，第 233—245 页。

四　指标体系研究方法的系统性决定指数体系的完整性

在综合研究比较文化发展指标体系后我们可以发现，要对一个国家、地区或者城市文化发展、文化创意产业发展水平进行定性定量描述相对简单，多数指标体系目前就是就文化产业论文化产业。但大多数指标体系无法对文化相关要素的构成及其运行机制进行分析、无法对未来发展趋势进行预测。文化发展指数相对文化产业指数，其范畴更宽泛，其结论不仅可以反映文化本身的发展水平和未来发展趋势，还要能反映出文化与社会、经济的关联度，这样才算是一套科学的指标体系。目前国内的研究方法和路径取向，多数是根据欧美已有的指标体系再结合自身地域特点推导而来，研究的趋同化程度非常高，如何找到科学系统的指标体系研究方法是文化发展指数完整性的关键所在。

总之，指标体系只有完整、系统和有效地反映被评价对象的状况，才是一个科学的体系。

第五章　中国文化发展指数体系及测度方法

第一节　中国文化发展指数构建原则

建立中国文化发展指数，目的在于综合运用文化学、社会学和统计学等方法，研究和评价一定时期内我国文化发展总体水平，客观反映全国各省、自治区、直辖市文化发展状况。但是，任何观察、解读、反映行为必然受到主体立场、观点、方法的深刻影响。为了尽可能真实、客观、正确地反映全国各省、自治区、直辖市文化发展状况，预测文化发展趋势，引导文化建设，构建中国文化发展指标体系应当坚持以下原则。

一　合法性原则

合法性原则首先是指设置的中国文化发展指标体系必须符合相关的法律法规，如《中华人民共和国统计法》《中华人民共和国统计法实施细则》及相关地方性法律法规；其次，所设置的指标一般以国家既有统计指标体系为依据，如《中国统计年鉴》和各省、自治区、直辖市统计年鉴、《中国文化文物统计年鉴》和各省市自治区文化产业统计报告等；最后，要求所设置的指标必须经过详细论证、反复征求意见，得到相关部门、文化单位的实际接受，被有关专家普遍认可。

二　科学性原则

科学性原则是指中国文化发展指标体系的设置要体现有中国特色社会主义文化建设的科学规律，用科学的理论、方法以及科学的态度和精神来选取指标。指标的设置应做到结构布局的合理性、指标选择的针对性、指标内容的明确性、指标系统的相对稳定性和操作方法的规范性。

三　全面性原则

全面性原则要求中国文化发展指标体系的设置，能够完整地反映我国主要省、自治区、直辖市文化发展状况和发展过程，能够重点展示对各省市自治区文化建设起决定性作用的主要因素。指标的设置还要考虑各指标之间的内在联系，以及同一指标的统计结果在不同时期和不同省市自治区的联系比较。同时，中国文化发展指数在选取指标和构建指标体系的过程中，还应当坚持综合性原则，即尽可能选择能够综合反映中国文化发展的指标，使指标的设置，既能最大限度地体现我国文化发展的规律和发展水平，又能避免指标设置过多或过于繁复所导致的指标功效交叉和重复的弊端。

四　可操作性原则

中国文化发展指数的设置要尽量简单明了，便于理解，易于操作。为此，应做到指标设置目的明确、结构层次清楚、指标内容表述简洁明了、统计方法简明规范，既能从总体上纵向动态地反映我国文化建设的基础、现状以及趋势，又能横向比较不同地区间文化发展的差异性。此外，还要使统计人员在实际工作中感到操作方便，以适应计算机统计程序运行和信息化要求。

第二节 中国文化发展指数体系结构

一 理论基础

文化发展指数结构的建构是基于一定的理论基础而展开的。只有在一定理论指导和支撑的前提下构建的文化指数结构才具有学术意义，才能实现其结构的系统性和逻辑性，才有可能形成系统的、科学的、客观的研究结论，从而使结构体系具有较强的理论逻辑和实践指导价值。

据有关专家对相关文献的研究，国外许多国家和地区基于可持续发展理论和生活质量理论①建构的文化发展指数结构，其测量维度表现为：(1)关于环境改善的文化指标，反映了文化建设对自然与社会环境产生的积极影响；(2)关于个人福利与发展的文化指标，反映了文化造福人类，提高生活质量水平的能力；(3)关于社会资本与社会建设的文化指标，反映了文化建设对社会财富创造及社会凝聚力提升的重要作用；(4)关于经济发展的文化指标，反映了文化是推动经济快速发展的“发动机”；(5)关于文化活力的指标，反映了文化基础设施建设情况及全民文化参与度；(6)文化行业健康与可持续发展状况的指标，反映了文化事业和文化产业的运

① 可持续发展（Sustainable development）的概念最早是1972年在斯德哥尔摩举行的联合国人类环境研讨会上正式提出的。“可持续发展”是人类对工业文明进程进行反思的结果，是人类为了克服环境、经济、文化和社会关系失衡，特别是全球性的环境污染和严重的生态破坏等一系列问题而作出的理性选择。生活质量理论（The quality of life theory）是1963年美国总统肯尼迪在新年讲话中提出后广为传播的一种理论。生活质量理论的基本内容是：经济的增长是一种消极的矛盾现象，在一定情况下会引起社会的倒退。主张经济增长应从属于社会发展的长远利益，以适应改善“生活质量”的要求。平均收入的增长或人均消费量的增加的主要指标应该是能够说明人们生活质量的指标，而不是衡量社会状况最重要的指标。同时，物质福利和消费量增长也造成了某些消极后果。

行状况。[①] 文化评估指标来源宽泛、纷繁复杂。不可能将所有的评估指标纳入一套评估指标体系中。关键评估指标（KPI）的选择就显得尤为重要，这不仅能够简化评估指标体系，使其操作简单易行，也能够全面反映一个国家或地区的文化发展程度，具有较高的效度。各国在构建文化评估指标体系时，因地域、组织性质、组织规模的不同而有所差异。但是就整体而言，这些研究成果表明文化评估指标体系的构建必须反映“质”和“量”两个方面的测量。

国内学者根据党的十七大报告中“要兴起社会主义文化建设新高潮，激发全民族文化创造活力，提高国家文化软实力，使人民基本文化权益得到更好保障”的论述，结合约瑟夫·奈关于“软实力”的观点，从文化“软实力”角度研究了文化的指数结构。如阎学通、徐进设计了涵盖国家模式吸引力、文化吸引力、友好关系、国际规则制定权、对国内社会上层的动员力和对国内社会下层的动员力六大要素的量化指标，并对中美两国的“软实力”进行了定量比较[②]。周晓宏、王小毅、谢荷锋针对区域竞争的特点，建立了涵盖区域文化、人口素质、公共服务和区域形象 4 个方面的区域“软实力”指标体系，并采用模糊数学方法作为其综合评价的方法[③]。杨新洪对文化“软实力”的量化评价做了较为详细的阐述，其构建的文化“软实力”“硬”指标体系包括文化“软实力”的价值指标、实物指标和相对指标 3 个部分，是对文化“软实力”量化评价方法的一次大胆尝试[④]，但其构建的文化“软实力”价值指标和实物指标绝大多数是总量指标，在各地区间不具有直接的可比性（因没有剔除各地区在人口规模和经济总量方面的差异），不

---

① 参见李志、李建玲、金莹《国外文化强国评估指标的研究现状及启示》，《重庆大学学报》（社会科学版）2011 年第 4 期。

② 阎学通、徐进：《中美软实力比较》，《现代国际关系》2008 年第 1 期。

③ 周晓宏、王小毅、谢荷锋：《区域软实力及其综合评价体系研究》，《技术经济》2007 年第 6 期。

④ 杨新洪：《关于文化软实力量化指标评价问题研究》，《统计研究》2008 年第 9 期。

能直接用来对各地区进行横向比较。总的来说，我国学者对于文化“软实力”的量化研究还处于不太成熟的阶段。

国内学者还从不同的角度研究了文化发展的指数结构。如中国现代化战略研究课题组从文化现代化角度提出了水平、竞争力、影响力的文化现代化定量评价指标结构①。“构建文化强省（市）指标评估体系研究”课题组从界定文化概念入手，提出了文化体制改革、文化事业发展、文化产业规模和实力、文化市场体系培育和管理、知名文化品牌建设、文化人才建设、文化功能发挥等文化强省（市）的指标评估体系的“指标群”②。这些研究从不同的理论视野和实践运用方面，对文化发展的指数结构做了有益的探索。

本书的中国文化发展指数研究的理论基础是党的十八大报告关于“文化软实力显著增强”的论述并结合上述研究成果中注重文化内涵、文化可持续发展、文化生活质量等理论阐述。党的十八大报告指出：“文化软实力显著增强”的内在表现是“社会主义核心价值体系深入人心，公民文明素质和社会文明程度明显提高。文化产品更加丰富，公共文化服务体系基本建成，文化产业成为国民经济支柱性产业，中华文化走出去迈出更大步伐，社会主义文化强国建设基础更加坚实”③。鉴于中国文化发展指数的研究范围，文化发展指数结构主要探讨的是：“文化强国”视域的文化产品丰富性、基本公共文化服务体系建设、文化产业发展程度和文化影响力等结构要素的内涵及其关联性。

---

① 中国现代化战略研究课题组、中国科学院中国现代化研究中心：《中国现代化报告2009——文化现代化研究》，北京大学出版社2009年版。

② “构建文化强省（市）指标评估体系研究”课题组：《文化强省（市）指标体系：逻辑演进抑或多维评估》，《改革》2011年第11期。

③ 胡锦涛：《坚定不移沿着中国特色社会主义道路前进，为全面建成小康社会而奋斗》，《人民日报》2012年11月18日。

二 结构维度

基于上述认识，我们选择从公共文化服务、文化产业与文化市场、文化环境、文化影响力4个维度来评价各个省区市的文化发展状况，主要是基于以下几方面的考虑：公共文化是文化发展的基础，文化产业和文化市场是文化发展的支撑，文化环境是文化发展的条件，文化影响力则是文化发展的功效。它们相互关联，相互作用，密切配合，形成合力，共同促进文化的发展和繁荣，共同推升文化竞争力，提升文化软实力。

（一）公共文化服务、文化产业和文化市场是文化发展的核心内容

1. 公共文化是文化发展的基础

公共文化服务体系是政府主导、社会参与形成的普及文化知识、传播先进文化、提供精神食粮、满足人民群众文化需求、保障人民群众文化权益的各种公益性文化机构和服务的总和。公共文化服务包括公共文化服务设施、资源和服务以及人才、资金、技术、政策、保障、机制等方面内容。

为了客观地反映公共文化服务的进程效率和惠民效益，动态跟踪和监测公共文化服务推进进度，一些国内外学者对公共文化服务建设指标体系及绩效评价进行了研究，但是其成果大多局限于纯粹的理论分析，应用于实践且能够切实指导实践的成果并不多。主要的研究成果有：

2007年，英国开始运用国民指标体系（National Indicator，简称NI）作为中央政府考核地方政府公共文化绩效的唯一指标体系，该指标体系包括198个指标。2000年出版的《世界文化报告》中构建了以文化活动和趋势、文化发展脉络、文化习俗与遗产、文化协定、翻译以及文化贸易与传播趋势为内容的六大文化指标。

2003年，台湾地区根据联合国教科文组织的文化统计项目，筛选出适合本地文化服务的指标。在此基础上，依据台湾地区的经

济文化发展状况和未来走势，提出了若干适合本土的适用性指标。通过对“筛选”指标和“适用性”指标两者的结合，提出了“台湾文化指标”，构成台湾地区文化服务绩效评价指标体系。

一些学者从公共文化服务体系和公益文化设施的角度对公共文化服务进行了研究。如沈望舒提出了十大指标来衡量公共文化服务绩效，其中包括公共文化产品与服务的内容指标、社会需求度指标、资源状态指标、文化与科技含量指标、机构职业素质指标、服务功能效益指标、社会满意度和成本运行状态指标、专业技术质量指标、行为流程规范性指标、资金运用指标①。毛少莹等人从发展规模、社会参与、运作机制、政府投入、公众满意度五个维度建立了公共文化服务评价指标体系，并设计了若干二级指标对公共文化服务的绩效进行评估②。向勇、喻文益从两个方面建立了公共文化服务的绩效评价模型，包括公共文化服务的任务结构模型、公共文化服务的绩效测评模型，并对例外因素进行了评估③。蒋建梅从文化对经济、社会发展的作用总体指标，公共文化服务的有效供给指标和公共文化服务的保障指标三个方面建立了政府公共文化服务绩效评价指标体系④。孔进构建了反映政府公共文化投入、公共文化发展规模、公共文化活动方面的三类指标⑤。李少惠、尹丹认为公共文化服务包括：公共文化设施、公共文化活动和公共文化信息的发布部门及管理部门⑥。

现有公共文化服务体系评价指标体系的研究成果虽然对实践具

① 沈望舒：《十大指标体系考量公共文化服务》，《北京日报》2007 年 6 月 5 日。

② 毛少莹等：《发达国家的公共文化管理与服务》，《特区理论与实践》2007 年第 2 期。

③ 向勇、喻文益：《公共文化服务绩效评估的模型研究与政策建议》，《现代经济探讨》2008 年第 1 期。

④ 蒋建梅：《政府公共文化服务体系绩效评价研究》，《上海行政学院学报》2008 年第 9 期。

⑤ 孔进：《公共文化服务供给：政府的作用》，山东大学 2010 年博士论文。

⑥ 李少惠、尹丹：《公共文化建设评估体系的建构及其应用研究》，《科学·经济·社会》2010 年第 4 期。

有一定的指导和借鉴意义，起到了一定的推动作用，但是多数研究成果由于缺乏实证分析检验，有些指标的准确性、科学性及实践上的可行性有待进一步验证，因而需要加以理性审视，深化其可行性研究，使之更接地气，更有效地指导实践。

我们认为，公共文化服务指数应包括：文化事业费占政府财政预算支出比重、人均文化事业费、文化事业费增长率、每万人拥有公共文化设施面积、公共文化事业人员占总人口比重、公共图书馆人均藏书量、公共文化服务满意度等。（表2）选择这些指标作为公共文化服务指数的内涵，基本出发点是最大限度地体现公共文化服务公共性、公益性的基本宗旨，满足人民群众的基本的文化需求。

表2　　　　公共文化指数构成表

公共文化指数	1. 文化事业费占政府财政预算支出比重
	2. 人均文化事业费
	3. 文化事业费增长率
	4. 每万人拥有公共文化设施面积
	5. 公共文化事业人员占总人口比重
	6. 公共图书馆人均藏书量
	7. 公共文化服务满意度

满足人民群众基本的文化需求、实现人民群众基本的文化权益是公共文化服务的出发点和落脚点。只有将文化建设与人民群众文化权益的实现紧密结合起来，建立健全覆盖全社会的公共文化服务体系，发挥基本公共文化公共性、公益性、均等性、便利性等特征，不断提高标准化水平，不断提高文化服务能力，丰富公共文化产品，才能实现好、维护好、发展好广大人民群众的基本文化权益，最大限度地满足人民群众日益增长的精神文化需求。

不断加大对公共文化的投入。形成以政府为主导，充分调动全社会力量的投入机制，优化配置文化公共资源，健全公共文化设施网络，完善、加强公共文化建设的资金人才技术保障、组织结构和运行评估机制，推动文化与经济社会的全面协调可持续发展，加大供给侧结构性改革，以人民群众为中心，不断增加适应群众需求的公共文化产品的生产和服务供给，不断提高人民群众的生活质量和幸福指数，不断提高全民族的思想道德和科学文化素质。

为广大人民群众提供思想健康、内容丰富、形式多样的各类文化产品和服务。“观乎天文，以察时变；观乎人文，以化成天下。”① 公共文化是中国特色社会主义文化的重要组成部分，公共文化服务体系建设是全面建成小康社会的重要内容。维护好、保障好、发展好公民的文化权利，不断满足公民基本的文化需求，不断丰富人民的精神文化生活、促进公众文明素质提高，不断增强社会共同体的团结和谐，不断强化全民族的向心力和凝聚力，构筑整个社会积极向上的精神支柱，为经济、政治、社会、生态发展和党的建设营造良好的文化生态环境提供有力的智力支持和文化条件。更充分发挥文化对人的精神的抚慰作用、对社会成员的凝聚作用，有利于在全体社会成员之间培育和践行共同遵循的社会主义核心价值观，构建现代公共文化服务体系，逐步实现全社会基本公共文化服务的均等化、标准化，有效缩小城乡、区域和群体之间公共文化服务的差距，有利于应对新形势下多样化的利益主体带来的各种问题，协调改革发展进程中出现的各种利益关系，有效化解社会矛盾，促进社会和谐稳定。

（二）文化产业和文化市场是文化发展的支撑

文化及相关产业是指为社会公众提供文化产品和文化相关产品的生产活动的集合。② 由于文化产品具有精神性、娱乐性等基本特征，因此，文化产业是具有精神性和娱乐性特征的文化产品的生

① 《周易·贲卦·彖传》。

② 国家统计局《文化及相关产业分类 2012》，http：//www. stats. gov. cn/tjsj/tjbz/201207/t20120731_ 8672. html。

产、流通、消费活动。文化市场是文化艺术产品生产和消费的中介，指按价值规律和市场规律进行文化艺术产品交换并提供有偿文化服务活动的场所。文化市场的性质由文化商品的一般性、特殊性和文化商品交换过程中所体现的生产关系的性质所决定。文化产业和文化市场是市场经济条件下打造文化软实力的重要载体，是满足广大人民群众多样化、多层次、多方面精神文化需求的重要途径，也是经济新常态下推进供给侧结构性改革的重要着力点。

按照联合国教科文组织（UNESCO）的分类标准，文化产业领域主要包括文化和自然遗产、表演和庆祝活动、视觉艺术和手工艺、书籍和报刊、音像和交互媒体、设计和创意服务及非物质文化遗产（横向领域），这些文化领域都属于文化范畴，代表着一系列具有文化性产品和服务的生产制造、活动和实践，属于主要的文化领域。

2012 年 8 月，国家统计局颁布了新修订的《文化及相关产业分类（2012）》标准是以 2011 年颁布的《国民经济行业分类》为基础制定的，兼顾部门管理需要和可操作性，并与联合国教科文组织《文化统计框架——2009》相衔接。与 2004 年的《文化及相关产业分类》相比，修订后的《文化及相关产业分类（2012）》突出表现在三个方面：一是把文化及相关产业的定义进一步完善为"社会公众提供文化产品和文化相关产品的生产活动的集合"，并在范围的表述上对文化产品的生产活动（从内涵）和文化相关产品的生产活动（从外延）作出解释；二是为适应我国文化产业发展的新情况新变化，对原有的类别结构和具体内容作了调整，增加了文化创意、文化新业态、软件设计服务、具有文化内涵的特色产品的生产等内容和部分行业小类，删除旅行社、休闲健身娱乐活动、教学用模型及教具制造、其他文教办公用品制造、其他文化办公用机械制造和彩票活动等；三是由于目前我国文化体制改革已取得新突破，文化业态不断融合，文化新业态不断涌现，许多文化生产活动很难区分是核心层还是外围层，因此本次修订不再保留三个层次的划分。新分类用文化产品的生产活动、文化产品生产的辅助生产活动、文化用品的生产活动和文化专用设备的生产活动等四个方面来替代三个层次。其中文化产品的生产活动构成文化及相关产业的主体，其他三个方面是文化及相关产业的补充。新的文化产业统计标准强化和规范了文化产业统计，体现了“约束性”，有利于防范、扭转文化产业统计上的“各行其是”。新标准更突出“文化”的内涵，在我国文化产业统计史上具有里程碑意义。但新标准涉及范围广泛，许多地区和部门尚未完全按照新标准执行，数据获得存在很大的难度。①

《文化及相关产业分类（2012）》将我国文化及相关产业分为5个层次：第一层次为2个部分：文化产品的生产、文化相关产品的生产；第二层次为10个大类：新闻出版发行服务、广播电视电影服务、文化艺术服务、文化信息传输服务、文化创意和设计服务、文化休闲娱乐服务、工艺美术品的生产、文化产品生产的辅助生产、文化用品的生产、文化专用设备的生产等；第三层次为50个中类：依照文化生产活动的相近性划分；第四层次为120个小类：为具体的活动类别；第五层次为29个次小类：是对于含有部分文化生产活动的小类设置的延伸层。②

由于研究者的研究目标不同，国内对文化产业和文化市场的研究、对决定文化产业关键因素的认识等方面也有差异，设计的评价指标体系也各有特点和侧重。主要代表性观点有以下三种：

一是以“钻石模型”为基础的评价指标体系。这种观点主要以波特“钻石模型”为基础构建指标体系。祁述裕从生产要素、需求状况、产业集群、产业策略、政府行为五要素出发，将文化产业竞争力分为人力资源、文化资源、需求结构、营运基础等17个

---

① 参见《国家统计局：进一步改进和完善文化产业统计工作》，http://artbank.people.com.cn/n/2012/0801/c209282-18646972.html。

② 国家统计局《文化及相关产业分类2012》，http://www.stats.gov.cn/tjsj/tjbz/201207/t20120731_8672.html。

方面。分别对这17个方面构建评价指标，构建67个评价文化产业竞争力具体指标。这67个指标中包括政府腐败指数、国民创新指数、人均GDP等政治、经济、文化层面指标①。宋彦麟、杨沂提出了由生产要素系统、需求状况系统、相关产业系统、文化企业战略系统、政府行为系统等构成的文化产业评价指标体系②。毕小青、王代丽、钱明霞等学者以需求基础、生产要素、相关产业发展情况、企业战略与竞争状况、生产竞争力、创新能力六大要素，构建文化产业评价指标体系（或评价模型）③。

二是以“四大核心能力”为基础的评价指标体系。花建根据文化产业整体创新能力、市场拓展能力、成本控制能力和可持续发展能力的“四大核心能力”提出了文化产业竞争力评价指标体系，包括产业实力、产业效益、产业关联、产业资源、产业能力、产业结构和产业环境七大板块，30个指标为基本内容的文化产业竞争力评价模型④。王毅、王颖、王岚、赵国杰、胡一博、赵晶媛等以“四大核心能力”为基础，构建了相应的文化产业竞争力指标体系⑤。

三是以“现实竞争力+潜在竞争力”为核心的评价指标体系。这种观点的研究者将文化产业竞争力主要分为潜在竞争力和现实竞

① 祁述裕：《国际文化竞争力与中国文化产业的发展》，《国家行政学院学报》2001年第5期。

② 宋彦麟：《辽宁省文化产业竞争力研究》，哈尔滨工程大学博士学位论文，2006年；杨沂：《文化产业竞争力研究》，西北大学博士学位论文，2008年。

③ 毕小青、王代丽：《基于“钻石模型”的文化产业竞争力评价方法探析》，《华北电力大学学报》（社会科学版）2009年第3期；钱明霞、金中坤：《基于网络层次分析法的文化产业竞争力评价体系研究》，《科技管理研究》2011年第17期。

④ 花建：《文化产业竞争力》，广东人民出版社2005年版，第10—256页。

⑤ 王毅：《文化产业竞争力评价方法与测度分析》，《求索》2007年第2期；王颖：《浙江省文化产业竞争力对比分析与思考》，《经济研究导刊》2008年第10期；王岚、赵国杰：《基于ANP的地区文化产业竞争力评价模型与指标体系》，《科学学与科学技术管理》2008年第7期；胡一博：《全国主要城市文化产业竞争力水平比较与评价》，《中国商贸》2009年第15期；赵晶媛：《文化产业与管理》，清华大学出版社2010年版。

争力。现实竞争力反映文化产业内部的经营效率和可持续发展能力，潜在竞争力反映文化产业的经营者驾驭外部环境和占据市场的能力。徐萍根据科学、客观及可操作性原则选取和构建了代表潜在竞争力和现实竞争力的17项指标①。顾乃华、夏杰长以竞争实力、潜在需求能力、潜在供给能力为主线，建立了由3个模块、12个竞争面、14个竞争力评价点共同组成的综合指标评价体系②。王岚、赵国杰将地区文化产业竞争力的总体框架分为外显竞争力、基础竞争力和潜在竞争力三大板块，认为这3个竞争力模块共同构成了地区文化产业的综合竞争力③。叶丽君、李琳以现实竞争力和潜在竞争力作为指标体系的一级指标，以市场占有、产业规模、生产效率、经济贡献、创新能力、成长能力、文化需求基础、产业投入作为二级指标，采用因子分析法对我国31个省市自治区文化产业竞争力进行了综合评价④。江振娜从现实竞争力、市场竞争力、潜在竞争力3个层面选取反映文化产业的投入竞争力、规模竞争力、需求竞争力、供给竞争力、资源竞争力、研创竞争力6个方面的30个指标构建评价体系⑤。中国人民大学文化创意产业研究中心在研究和总结国内外文化产业发展竞争力及评价标准等相关理论和实践成果的基础上，基于中国省市自治区文化产业发展指数是在中国政府倡导大力发展文化产业和加速经济发展方式转变的背景下，结合中国的现实情况，提出了产业生产力、产业影响力和产业驱动力3个一级指标、8个二级指标、48个三级指标的反映中国各省市自

① 徐萍：《陕西文化产业竞争力评价与分析》，《统计与信息论坛》2006年第5期。

② 顾乃华、夏杰长：《我国主要城市文化产业竞争力比较研究》，《商业经济与管理》2007年第12期。

③ 王岚、赵国杰：《中国地区文化产业竞争力评价模型的构建》，《天津大学学报》2009年第1期。

④ 叶丽君、李琳：《我国区域文化产业竞争力评价与差异分析》，《科学管理研究》2009年第3期。

⑤ 江振娜：《福建文化产业竞争力评价研究》，《福建金融管理干部学院学报》2010年第2期。

治区文化产业发展的监测指标体系，用以测度中国文化产业发展的现状，观察各地区文化产业发展的进展①。

还有学者从创新能力、成长能力、市场占有、产业规模、生产效率、经济贡献、文化需求等方面来设计文化产业评价指标体系。总体而言，这些研究成果的研究范围比较广泛，涉及生产、需求、政府、企业、相关产业等文化产业和文化市场发展的许多重要方面，既注重对产业境况和实力的研究，又注重对产业持续发展能力和潜力的研究。

就理论的学术研究和实践的操作层面看，这些研究成果存在的或未解决的问题是：(1)强调了文化产业的产业属性，没有对文化产业的文化属性引起足够的重视。这样的评价体系无疑是非常泛化的，实践中既无法全面地反映文化产业的竞争力，也无法体现区域性的特征。文化产业和文化市场的指标选择与一般产业竞争力评价体系比较相似，被国内学者普遍作为理论基础的波特的“钻石模型”，实际上是基于产业经济学和产业竞争力评价体系的一种假说，缺乏文化产业和文化市场的文化特征和属性。(2)评价指标的选取主观性较强，随意性较大，很多文献没有具体交代选取指标的缘由，缺少理论基础的支撑，评价指标体系适用性不强，无法准确地反映文化产业竞争力。(3)现有的大多数评价模型（包括波特的“钻石模型”），过分强调外部因素，而对产业内部能力——产业特色、产业效率、赢利能力、核心要素竞争能力重视不够。

综合分析既有研究成果并基于核心竞争力是产业竞争的优势之源，核心竞争力的培育、提高是文化产业赖以生存和发展的根本的观点，我们认为，文化产业和文化市场发展指数包括：文化产业增加值、文化产业增加值占 GDP 比重、国家级文化产业示范园区数量、城镇家庭年人均教育文化娱乐服务消费支出、农村家庭年人均

① 《中国人民大学发布“中国省市文化产业发展指数”》，http：//china. huanqiu. com/roll/2010 - 11/1300318. html。

教育文化娱乐服务消费支出、每百万人口文化作品版权登记量等(表3)。

表3　　文化产业和文化市场发展指数构成表

文化产业和文化市场发展指数	1. 文化产业增加值
	2. 文化产业增加值占 GDP 比重
	3. 国家级文化产业示范园区数量
	4. 城镇家庭年人均教育文化娱乐服务消费支出
	5. 农村家庭年人均教育文化娱乐服务消费支出
	6. 每百万人口文化作品版权登记量

文化产业是当代经济社会发展的动力和基础。文化产业是满足人民群众多样化、多层次、多方面精神文化需求的重要途径，是推动经济结构调整、转变经济发展方式的重要着力点。2010 年，我国文化产业增加值为 1.1 万亿元，占 GDP 的比重为 2.75%。2014 年，我国文化产业增加值达到 2.39 万亿元，比 2013 年增长 12.1%，比同期 GDP 增速高出 3.9 个百分点。2015 年，全国文化产业增加值占到 GDP 的 3.76%，7 个省、市的文化产业占到 GDP 的 5% 以上。[①] 中国经济发展面临新常态，文化产业成为支柱性产业的潜力巨大。总体来看，我国文化产业呈现出健康向上、蓬勃发展的良好态势，在国民经济快速、稳定、健康发展的过程中发挥着重要的促进作用，成为优化经济结构、拉动国民经济稳健增长的新兴产业，正在成为推动社会主义文化繁荣兴盛的重要引擎和经济发展新的增长点。

文化产业园区和基地可以充分发挥集聚效应和孵化功能，培育大批骨干文化企业，推进文化产业多业态、多元化、大规模、集约化的发展。国家级示范园区和各示范基地的经营范围涉及了文化旅游、演艺、动漫、艺术品、影视、文化创意、文化科技等领域，充

① http://www.hbwhcyxh.com/news_content.asp?id=1378.

分发挥了品牌打造、资源整合等优势，以主导产业为龙头，同时带动关联产业迅速发展。园区和基地还带动了地方经济的发展。通过对文化产业园区和基地的命名和扶持，形成文化产业的集聚效应，提升城市的文化品质和广大市民的文化品位，提高文化企业的创新能力和核心竞争力。

文化优势、科技优势正在取代传统的自然资源优势，文化、科技在投入产出中的贡献率越来越大。文化、精神、道德作为“一只看不见的手”，成为经济社会发展的直接动力，成为经济发展的核心驱动力量。在国际交流中，以文化为抓手带动民心相通，从而夯实国际交流的心理基础，克服文化障碍在更大范围内实现“文化沟通”越来越引起人们的高度重视，畅通的“文化沟通”为建设一个更合理、更繁荣、更平等的世界提供了根本保障。市场经济的发展，要求生产者更加重视商品消费的心理成分和审美要求，产业运作中的产权关系、物质关系、利益关系与文化纽带、精神纽带、道德纽带起着相辅相成、相得益彰、相互支持的重要作用。未来国家经济政治实力的较量越来越取决于文化与科技的发展水平及其相互融合的深度和广度，文化与科技的融合是未来世界经济社会发展的主旋律。随着世界多极化、经济全球化进程的推进和科学技术的发展，作为意识形态核心价值的文化要素必将成为未来国家和地区在国际竞争中的核心竞争力，文化与科技融合所形成的文化产业必将成为世界经济发展的支柱和新的增长点。

人们的精神性需求是文化产业化的发展动因。在经济发展和社会进步的进程中，人们在提升物质性消费需求的同时，精神消费需求也不断上升。德国统计学家恩格尔根据统计资料，对消费结构的变化得出一个规律：一个家庭收入越少，家庭收入中（或总支出中）用来购买食物的支出所占的比例就越大，随着家庭收入的增加，家庭收入中（或总支出中）用来购买食物的支出则会下降；随着家庭收入的逐年提高，人们在满足了物质需求以后，便开始追求精神需求，说明越来越多的普通民众享受着过去只有少数富人才能拥有的闲暇，生活的内容向更高级的精神消费提升。在丰富多彩的社会生活中，人们的文化消费也随之呈现出多层次、多样化的消费趋势，不断拓展文化产业的发展领域和消费空间，促使文化的产业化提供更多、更好、更新颖的文化产品和服务来满足人们日益增长的需求。当国民经济发展水平达到高级化的富裕程度时，社会成员会追求更多、更好、更奢侈和更个性化的满足精神需要的产品或服务，为文化产业的高级化、定制化发展提供了支持。反之，国民经济发展水平低下，会制约大众的文化消费，从而对文化产业的发展产生抑制和阻碍作用。

（三）文化环境是文化发展的重要条件

文化环境是人类社会在一定历史条件下存在于主体周围、影响主体思想和行为的精神性成果的总和，它涵盖全部精神产品以及物质产品中的精神因素，既包括政治思想、哲学宗教、科技教育、伦理道德、法律规范、文学艺术，也包括社会心理、风俗习惯、交往方式，还包括凝结文化观念的物化形态（如烈士丰碑、历史博物馆、民族英雄纪念馆等），以及各种有丰富内涵的人文景观等。文化环境的主体内容是社会意识形态，其核心是占主导地位的世界观、人生观、价值观。① 文化环境是一定区域内历史传统文化、当代文化和未来文化交汇、融合、发展过程中形成的文化场域，是人的文化创造及文化成果构成的综合体，是在政治、经济、社会、文化、生态系统中的文化群体从事文化创造、文化传播及其他文化活动的背景、环境和条件。文化环境与人类的前途、民族的命运、社会的发展、国家的利益、个人的幸福密切相关，是与人类存在和社会发展密切相连的社会历史现象。

美国华盛顿州立大学美国研究计划设立的网站在探讨广义的文化研究与广义的环境研究的结合点和重叠时认为，文化环境研究者

① 黄南珊：《大力营造良好文化环境，加快建设现代环境文明——近年来国内文化环境研究的新进展》，《学术论坛》2003 年第 5 期。

分析的问题包括：(1)风景画和其他视觉艺术品中表现大自然的历史；(2)作为符号系统的风景和人造环境；(3)大众文化（电视纪录片、儿童卡通、通俗音乐等）中对自然界的描绘和展现；(4)表现自然环境和（或）提出自然主题的诗歌、小说和文学类非小说；(5)杂志中涉及的环境问题；(6)性别化和种族化的自然话语（如“自然母亲”“都市丛林”）；(7)科学和环境科学用语的文化设想和社会模式；(8)各种各样的环境主义修辞（从“明智的利用”到“地球第一”）；(9)从地方文化史的角度来分析社区对环境的理解和与环境的互动。华盛顿州立大学的网站希望进一步讨论文化设想如何在各个层次上（从最抽象的科学数据到日常交谈）影响着人们的思想和实践，进而帮助或阻碍人们改善环境质量。自然科学、社会科学的研究者在对环境问题的讨论时，如果不充分考虑到文化环境问题并进行具有逻辑思维、现实关照的“虚”“实”综合研究，就无法从理论上解决环境问题的困惑。文化环境研究的根本目的，就是探寻有利于建设健康与富庶的人类文化环境的文化背景和文化条件。

国内学者从定性研究的角度认为，文化环境的结构形态可以多维度地加以解析。马志政认为，从结构的层次性来分析，文化环境包括三个层次：一是基础层次，它的存在遍及社会各个角落，涉及老百姓的生活与行为；二是中等层次，主要是指各类特定主体的特定活动环境，如企业、校园、社区文化环境等；三是比较高层的文化环境，它主要涉及各类人才的精神创造活动，其组成部分包括哲学思维、思想信仰、科学观、文艺观和道德观等①。从时空角度来分析，文化环境的结构可以概括为“一个中心，二维延伸”。“一个中心”是指本土当代文化；“二维延伸”是指传统文化和外来文化。本土当代文化、传统文化和外来文化分别蕴含文化环境的当代性价值、传统与历史的文脉和人文情怀的相融相通。本土当代文化

① 马志政：《论文化环境》，《浙江大学学报》1999年第2期。

处在核心和基础位置，纵向延续的传统文化和横向延伸的外来文化则构成两翼[①]。俞汝捷等认为，法制环境、信用环境和服务环境是构成文化环境的主要内容。营造规范严明的法制环境，就要积极构建法制文化；营造诚实守信的信用环境，就要积极构建信用文化；营造优良高效的服务环境，就要积极构建德业文化。三者发挥文化合力效应推进环境建设[②]。在定量研究中，宋宏从发展公共文化事业和文化产业所必需的制度、管理和资源支持等保障体系认为，文化环境重在制度环境建设，主要包括文化发展管理体制改革、文化发展投资体制、文化发展政策法制体系 3 大模块 12 项指标；《上海城市文化发展指标体系研究》课题组认为，文化环境由政府投入、教育环境、法制环境、信息化程度、国际化程度 5 个一级指标和 17 项二级指标来反映。[③]

目前文化环境研究偏重于基本理论问题的探讨和学理层面的研究，因而一般较重视理论思辨方法而忽视实证分析方法。文化环境的研究应重视采用理论思辨与实证分析相结合、定性分析与定量分析相结合的方法，注重运用现代统计分析和比较研究等研究方法，努力把握真理诉求与价值评判、辩证扬弃和综合创新关系，形成深度性和实效性的研究成果，为加快促进当代文化环境的建设提供理论支持和实践指导。

随着经济全球化和经济社会的不断发展，人民群众精神的审美情趣、欣赏习惯、评价标准也随之不断发展变化，文化需求呈现出多层次、多方面、多样性的发展趋势，因此我们必须准确把握社会文化发展的新特点和人民群众的新期待，秉持创新、协调、绿色、开放、共享五大发展理念，在内容上、形式上进行积极探索和大胆创新。

---

① 参见马志政《论文化环境》，《浙江大学学报》1999 年第 2 期。

② 俞汝捷等：《湖北软环境建设的对策》，《江汉大学学报》2003 年第 4 期。

③ 上海艺术研究所课题组：《上海城市文化发展指标体系研究》，https：//wenku. baidu. com/view/6aaff3cfbb4cf7ec4afed0ad. html http：//www. chinacity. org. cn/csfz/cswh/60346. html。

我们认为，文化环境发展指数包括：地区 GDP 总量、人均 GDP、R&D 占 GDP 比重、流动人口占户籍人口比例、万人互联网用户数、国家级文化遗产数量、每万人知识产权案件发案率、文化法制环境满意度等（表 4）。通过对文化环境发展的统计分析，测量文化发展的必要条件。

表 4　　文化环境发展指数构成表

文化环境发展指数	1. 地区 GDP 总量
	2. 人均 GDP
	3. R&D 占 GDP 比重
	4. 流动人口占户籍人口比例
	5. 万人互联网用户数
	6. 国家级文化遗产数量
	7. 每万人知识产权案件发案率
	8. 文化法制环境满意度

经济为文化提供赖以生存、发展和进步的物质基础和保障，经济对文化的需求是促进文化发展和进步的动力。在文化和经济彼此依存、相互促进、共同发展的过程中，良好的经济为文化的发展和进步提供物质基础和丰富的创作素材，为文化的发展和进步提供源源不断的动力和广阔的市场。当今世界正逐步进入文化经济时代，经济的文化化和文化的经济化已成为全球发展趋势，文化在经济发展中的地位和作用越来越凸显，20 世纪 90 年代以来，文化对经济具有推动作用得到广泛关注和认同。1999 年 10 月，在意大利佛罗伦萨，世界银行提出：文化是经济发展的重要组成部分，文化也将是世界经济运作方式与条件的重要因素。良好的文化环境对经济发展具有积极促进作用，各种文化价值不仅是指导经济增长“发动机”的基础，而且最终决定着增长目标的合理性。同时，加强文化环境建设可以遏制市场经济伦理精神的负面影响，良好的文化环境能够矫治市场经济价值观的狭隘性，对社会经济的正常运行起着

协调作用。

现代科技对文化发展起着“加速器”的作用。现代科学技术几乎全方位渗透于现代社会的“肌体”，对社会的影响作用也越来越大，不可避免地对文化产生深远的影响。现代科技向文化领域渗透得越多，就越强化了文化对科技的“路径依赖”。一方面，科技为文化的发展提供物质基础。当人类生活在一个物质来源比较丰富的时期，才能有机会创造出较为丰富的文化。只有在物质文明发展到一定程度，人的基本生物性需求得到满足后，才会有更高层次的文化需求产生。另一方面，科技为文化的发展提供技术支撑。文化的发展，需要一定的科技手段作为支撑，也需要一定的科技手段来表现。科学技术的每一次重大进步，都会以不同方式在不同程度上促进文化事业和文化产业的发展。当今世界已进入经济全球化和信息化、数字化时代，国内外文化产业的竞争日益呈现出科学技术竞争的态势，科技创新成为文化发展的新引擎，依靠科技进步和创新来抢占文化产业竞争制高点已成为新趋势。知识就是力量，包含知识在自身中的文化也是力量。通过找准推动文化和科技融合发展的着力点，拓展文化与科技融合的广度和深度，提高文化与科技融合的集约化、专业化水平，依托现代科学技术的坚实平台，整合资源，集聚优势，形成一批科技量高、核心竞争力强的文化科技优势企业，一批拥有自主知识产权的文化科技品牌，一批特色鲜明、产业链完备的文化与科技融合集聚区，打造文化产业的核心竞争力和文化企业的国际竞争力，就能发挥出文化和科技融合发展所产生的创新作用、引领作用、转化作用和驱动作用，文化的影响和力量必定会得以加强。科技创新的文化环境是以人为本，突出以人的价值实现为旨归的文化氛围，体现了对人的信任和尊重，为人的价值的自我实现提供观念意识、舆论导向、行为准则和文化条件。依靠科技的力量，文化提高了传播扩散的速度、质量和效率，为文化的广泛传播、迅速扩散和长久保存提供了可能。

社会成员之间的交往和联系，为文化环境各要素的相互交流、相互影响、相互补充、相互融合提供了条件。不同文化间的接触和交流是不断扩展和完善本土文化的重要条件之一。美国历史学家在探寻巴洛克和洛可可艺术的源流时曾断言："如果没有中国手工艺的强烈影响，法国就不会有，因而，欧洲的其他部分也就一定不会有巴洛克及洛可可的艺术"[①]。"法国的轿车是由日本的马车初次仿造成功的"[②]。各种文化产生于不同的自然和人文环境之中，彼此之间虽然有共同、共通或一致性的文化元素、文化样态，但它们之间的差异性也是客观存在的，有的在结构、形态乃至内涵、价值取向上的差异是很大甚至对立的。但世界是一个整体，世界是一个"地球村"，"鸡犬之声相闻，老死不相往来"的封闭式社会结构已成明日黄花，不同文化相互之间的交往、交流、合作是当今世界的发展潮流。文化差异性是文化包容性存在的必然条件，而不同文化的交往、交流、合作又是以文化的包容性为前提的。联合国教科文组织在文化领域把促进文化多样性作为其开展行动的优先事项。2001 年，联合国各会员国通过执行局在第三十一届会议所做的教科文组织《世界文化多样性宣言》重申：坚信文化多样性是发展的源泉之一，其对于人类的重要性就如同生物多样性对于大自然的重要性一样。尊重多样性，就是尊重文化的异质性。多样性的价值不仅在于丰富了我们的社会生活，而且在于为社会的更新和适应性变化提供了资源。一种文化如同一种基因，多基因的世界具有更大的发展潜力。外来文化中的健康有益因素融入本土文化以后，就会使本土文化更加丰富、更加多彩。文化多样性是人类社会的基本特征，也是人类文明进步的重要动力，每种文化都是在特定的地理环境和特定的社会关系中产生和发展的，都是历史的积淀，都有其存在的理由，这些各具特色的文化实体及其文化多样性的存在，才使

---

① 转引自余甦《论文化环境在历史发展进程中的地位》，《天津社会科学》1986 年第 2 期。

② 利奇温：《十八世纪中国与欧洲文化的接触》，朱杰勤译，商务印书馆 1991 年版，第 30 页。

得我们生活的这个世界呈现出了多姿多彩的文化面貌，因而每种文化间都应采取包容而不是相互对抗的态度。坚持文化的包容性，就是要尊重各个国家、地区或民族根据自身历史传统、现实需要和发展要求自主选定文化的发展道路，使世界文化和区域文化相互借鉴、相互补充、和谐发展；坚持文化的包容性，就是要使世界和区域各种文化“百花齐放”，以各自独特的色彩和花香，共同构成人类文化的“百花园”，形成“一花独放不是春，百花齐放香满园”的发展格局。

文化发展与文化资源禀赋密切相关。文化遗产等历史文化资源是一个地区社会群体的“集体记忆”。一定区域的文化遗产等文化资源禀赋和该区域社会成员之间的社会关系、社会观念是相互融合、相互支撑、相互建构的关系，文化遗产等文化资源禀赋一方面能够反映出特定的社会关系和观念；另一方面又能参与到塑造、巩固社会关系、观念、生活方式的进程中。由文化遗产等文化资源禀赋构成的独特的文化环境既是区别于其他地区的、珍贵的、具有个性化特质的不可再生资源，也是区域发展的巨大动力。“文化记忆的概念包含某特定时代、特定社会所特有的、可以进行反复使用的文本系统、意向系统、仪式系统，其‘教化’作用服务于稳定和传达那个社会的自我形象。”① 澳大利亚学者劳拉简·史密斯在《遗产的使用》中提出一个重要的理论预设：“遗产不是一种‘物’（thing），也不是‘场所’、建筑或其他物质客体。尽管这些东西通常是重要的，但是它们本身并不就是遗产……物质的场所并不就是遗产的全部。我想说的是，遗产是一种文化进程，它与记忆活动相关，这种记忆活动当下密切关联、并创造了理解当下的方式；而那些遗产场所本身就是一种文化工具，它有助于推动这种文化进程，但它不一定就是作为文化进程的

① 陶东风、周宪：《文化研究》第 11 辑，社会科学文献出版社 2011 年版，第 10 页。

遗产所必须的。”①

文化法制是文化发展的基本保障。没有规矩，不成方圆。只有在良好的法制环境中，才能实现社会主义文化繁荣兴盛。文化建设同经济建设、政治建设、社会建设、生态建设一样，要顺利推进，就必须加强文化法制环境建设，形成稳定、公开、规范而又相互衔接、相互支撑、相互作用的制度和规则体系，在文化发展方向、根本原则、制度规范和行为准则等带有根本性、全局性、稳定性和长期性的方面，都需要通过法律法规加以明确并付诸实施，为社会主义文化强国建设营造良好的法制环境。加强文化法制环境建设，从法律上明确国家文化建设的战略方向、指导思想、基本原则和核心价值取向，调整优化文化权利义务关系，明确各类文化主体的性质、地位和功能，制定各类文化活动的规范，形成各类文化产品创作、生产、流动、消费和服务科学的体制机制，在法制轨道上稳步推进文化改革与发展，切实做到有法可依、有法必依、执法必严、违法必究，不断提高文化治理体系和治理能力现代化水平。

（四）文化影响力体现文化发展的功效

文化影响力是指在区域或全球文化中被其他区域或他国认同而享有的文化力量。文化影响力是其本身的文化优势通过各种途径所产生的文化吸引力、辐射力和认同度。文化影响力表现为在区域内形成有机协调的统一整体，从而形成较强的区域凝聚力；在参与地区竞争、地区合作或全球竞争与合作中享有文化号召力和话语权。文化影响力大小的决定因素，既有经济发展水平等硬实力方面，也有文化吸引力、辐射力、认同度等“软实力”方面。

于新东从其构成要件认为，文化影响力主要表现在四个方面：精神内核、物质载体、表现手法、传播媒介。②《中国现代化战略

---

① 转引自程振翼《文化遗产与记忆理论：对文化遗产研究的方法论思考》，《广西社会科学》2014 年第 2 期。

② 于新东：《如何提升文化影响力》，http：//www. wenming. cn/wmpl_ pd/whzt/201210/t20121025_ 904254. shtml。

研究》课题组认为，一国对世界文化市场的影响有直接影响和间接影响两个方面：直接影响来源于文化市场的竞争，间接影响与文化资源相关联。一国对世界文化生活的影响同样可以分为直接影响和间接影响；直接影响与文化贸易（文化市场）相关，间接影响与文化资源和文化环境相关。文化环境主要由政治环境、经济环境、社会环境、生态环境和国民素质等构成。文化环境不仅影响文化生活，而且关涉文化贸易。如果把与文化市场竞争相关的影响力简称为文化市场影响力、把与文化资源竞争相关的影响力简称为文化资源影响力、把与文化环境相关的影响力简称为文化环境影响力，文化影响力可以分解为三个部分：文化市场影响力、文化资源影响力和文化环境影响力。①《文化强省内涵与指标体系研究》课题组从文化品牌角度提出，文化品牌可分为市场化品牌和非市场化品牌。市场化品牌是指可以在市场经济中赚取利润的品牌，并且具有排他性和独占性；非市场化品牌是指具有公共物品性质的品牌，即通常说的地方品牌或原产地品牌。文化品牌影响力包括：文化产品品牌、文化产品品牌影响度、文化企业品牌、特色文化产业集群品牌、区域文化辐射力共5个指标。② 胡南从国家软实力角度提出，影响力是指在国际社会中的一国受他国认同而享有的力量。影响力是由于本身的优势或者通过各种途径所产生的巨大积极效应。影响力分为国际影响力和国内影响力。国际影响力主要来源于国家形象和国际传媒；而国内影响力主要来源于国内状况和科技信息。③

---

① 《中国现代化战略研究》课题组、中国科学院中国现代化研究中心：《中国现代化报告2009——文化现代化研究》，北京大学出版社2009年版，第278页。

② 河南省社会科学院课题组：《文化强省内涵与指标体系研究》，《中州学刊》2008年第1期。

③ 胡南：《国家软实力的指标体系研究》，《长春工业大学学报》（社会科学版）2010年第1期。

我们认为，文化影响力包括：6岁以上人口人均受教育年限，省级图书馆藏书流通次数，全国文明城市数量，对外、对港澳台文化交流数量，文化体育娱乐业就业人数占总就业人数比例等。（见表5）

表5　　文化影响力指数构成表

文化影响力指数	1. 6岁以上人口人均受教育年限
	2. 省级图书馆藏书流通次数
	3. 全国文明城市数量
	4. 对外、对港澳台文化交流数量
	5. 文化体育娱乐业就业人数占总就业人数比例

人是区域经济社会活动的主体，是知识资源的重要载体和运用者。较高的国民素质会不断提升区域先进文化的影响力，而较低的国民素质则会影响区域持续的文化创新力和影响力。富有时空特色的区域文化，深刻影响着该区域社会成员的价值取向、思维方式、战略思想和理念的形成与发展，进而成为区域制度文化建设的源动力。制度文化的建设必然影响到人的经济社会行为，起到推动或阻碍区域经济社会发展的作用。区域先进文化中开放的合作意识能够增强人们的包容意识，区域内的成员通过价值整合将区域的多元价值有效地整合凝聚起来，形成有机协调的统一整体，成为该区域成员共同认同的主流价值观，从而形成较强的区域凝聚力。

文化交往使不同文化互渗交融，拓宽文化开放的空间。如同美国著名哲学家罗素所说的："在往昔，不同文化的接触曾是人类进步的路标。希腊曾经向埃及学习，罗马曾经向希腊学习，阿拉伯人曾经向罗马帝国学习，中世纪的欧洲曾经向阿拉伯学习，文艺复兴时期的欧洲曾经向拜占庭学习。"① 一个地区的文化资源和文化活

① ［美］罗素：《一个自由人的崇拜》，时代文艺出版社1998年版，第8页。

动越丰富，对外界的吸引力就越大，这个地区与外界的文化交流也越多。这种开放的文化格局和态势，又会带动该地区文化资源的优化整合，既能深化其文化传统的挖掘、传承与弘扬，又能"温故知新"，顺应时代潮流和文化发展规律，创新性地发展本土文化，增强文化自信和文化自觉，促进其社会共同价值观念的认同和凝聚，以文化自强促使该地区的文化影响力得到进一步的提升。

在信息化时代，文化的吸引力、辐射力、影响力和认同度已经成为文化软实力的决定性力量。在全球化进程中，地区之间、国家之间的文化交流与合作日益增强，文化发展对内产生的凝聚力、感召力、认同度和对外产生的吸引力、辐射力、影响力越来越受到人们的关注和重视。特别是在信息技术发达的今天，文化传播已与人们的生活融为一体，成为生活不可或缺的部分。可以说，凡是吸引力、辐射力和认同度强大的国家和地区，其文化理念和价值观念就能广为接受，就能掌握影响世界和地区、影响人心的文化话语权。

随着经济社会的不断发展和全面建成小康社会目标的逐步实现，随着我国综合国力和国际地位的进一步攀升，我国人民群众的审美情趣、欣赏习惯、评价标准等与过去相比有了很大不同，精神文化需求呈现出多层次、多方面、多样性的特点，因此我们必须准确把握社会文化生活的新特点和人民群众的新期待，必须牢固树立并切实贯彻创新、协调、绿色、开放、共享的发展理念，破解发展难题，厚植发展优势，在内容上、形式上、路径上进行积极探索和大胆创新，充分发挥先进文化的影响力。讲好中国故事、传播好中国声音，不断提升国家文化软实力、提高国际话语权、引导国际社会全面客观认识中国，使中国获得与政治大国、经济大国身份相称的国际文化影响力。

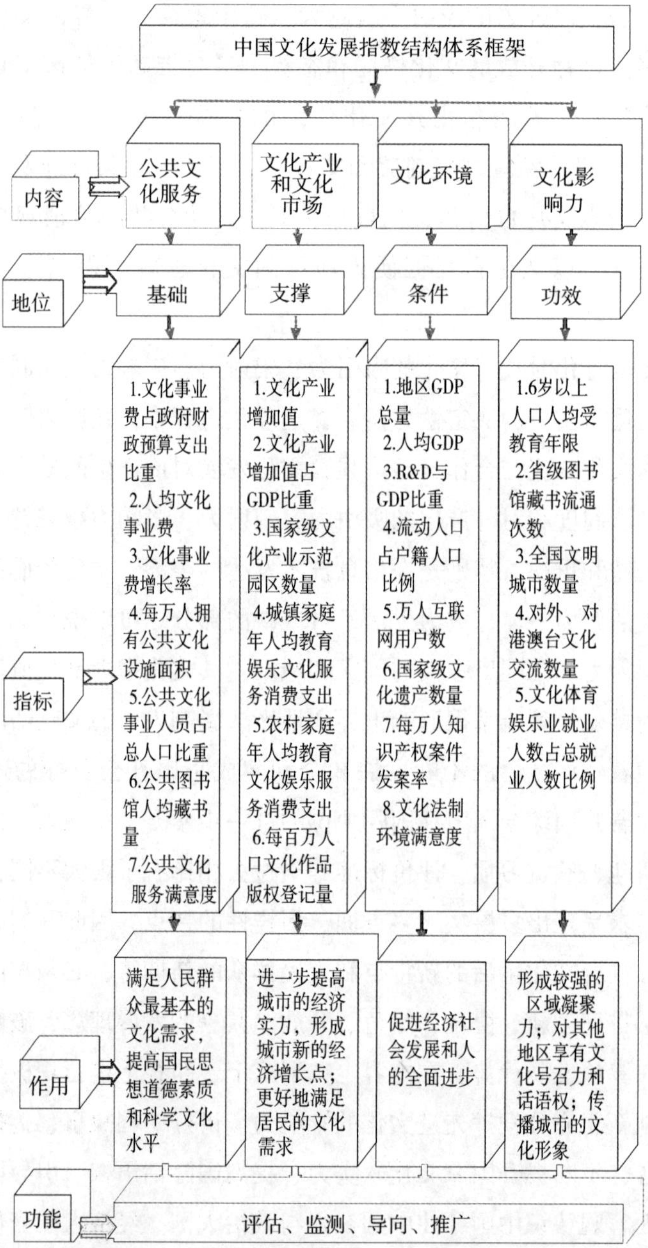

图8　中国文化发展指数结构体系框架图①

① 本框架的设计参考了“构建文化强省（市）指标评估体系研究”课题组：《文化强省（市）指标体系：逻辑演进抑或多维评估》，《改革》2011年第11期。

第三节　指标阐释和指标值的确立

一　指标体系确立的基础

文化统计指标的设置一直是社会统计学中的难点问题。“文化指标”属于“社会指标”的一种，不少发达国家，以及联合国有关组织开始将社会指标引入广泛的社会研究领域并加以推广，如1976年联合国统计委员会就提出了包括文化在内的13个社会指标内容。[①] 但就世界范围来看，社会指标中专门的文化统计，即文化指标的研究却是20世纪80年代后期才开始兴起，联合国教科文组织于1987年公布文化统计框架，开始针对文化发展的状况进行统计。2000年联合国教科文组织出版了《世界文化报告》，其中就以文化活动和趋势、文化习俗与遗产、文化协定、文化贸易与传播趋势、翻译、文化发展脉络等六大方面来进行文化指标的建构。[②]

国内对于文化发展的评价已经在不同层面上进行了尝试，有从现代化角度进行分析的《中国现代化报告·文化现代化报告》[③]，也有从专业性角度对文化产业进行量化分析的评价[④]、对文化事业

① 联合国统计委员会提出的13个社会指标包括：人口；家庭与居住；学习与教育；谋生活动与失业；收入与分配；消费与积累；社会安全与福利；卫生保健与营养；住房及环境；公共秩序与安全；时间的利用；闲暇与文化；社会阶层的分化与流动等，载朱庆芳、吴寒光著《社会指标体系》，中国社会科学出版社2001年版，第8页。

② 联合国教科文组织编，关世杰译：《世界文化报告》（1998，2000），北京大学出版社2000、2002年版。

③ 中国现代化战略研究课题组：《中国现代化报告·文化现代化报告》，北京大学出版社2009年版。

④ 自2009年起，中国人民大学产业研究院每年年底发布一次“中国文化产业发展指数”，参阅 http：//www. cncci. org/displaynews. php？ArticleID =3799。

上海交大国家文化产业创新与发展研究基地于2012年提出文化产业发展指数模型，并逐年发布报告。参阅：胡惠林、王婧：《中国文化产业发展指数报告（CCIDI）》，上海人民出版社2012年版。上海交大国家文化产业创新与发展研究基地、中国文化产业发展指数研究中心：《2013：中国文化产业发展指数报告》（CCIDI）。

特别是公共文化服务进行打分评估的指数体系①，有从文化产品上市交易角度编制的华侨城文化产业指数②，还有各地将文化发展作为小康社会或者幸福社会发展指数的其中一部分进行的量化考评③。

“中国文化发展指数”是基于中国特色社会主义文化建设的历史和现状作出的评估，在指标选取中必须考虑我国文化建设的历史沿革和现实状况，选取有针对性、代表性的指数来反映文化发展的综合水平。如前所述，我们认为，立足于现实来衡量中国文化发展水平，应该包括对公共文化指数、文化产业与文化市场指数、文化发展环境指数、文化影响力发挥指数四个方面，它们分别涵盖了文化事业、文化产业、文化市场、文化环境和文化影响力等方面，是对“中文化”圈层进行的较为全面的概括和分析。本书的评估数据立足于现有的可获得的国家标准及国家统计数据，以各类年鉴及中央相关部委的权威数据发布为基础进行计算分析。

本指数主要针对省级行政区域进行评估。根据指数函数的界定方法，评价区域越大、层级越高的，其指数越少，我们将选取各类指数中最具代表性（兼测性最强）的几组数值作为评价标准。

本指数的选取充分考虑构成有机整体的指数体系的三个特性，即：科学性，指各指数之间要融洽，其内部各指标之间有内在的逻辑关联；可比性，指各指数之间有明确的概念界限，所反映的问题和涵盖的领域相对独立，同时所选指标的代表性要强，解释力度要

---

①　毛少莹：《公共文化服务绩效评估指标体系的构建》，未刊稿，见 http：//www.docin.com/p-48950157.html。上海高校都市文化 E—研究院：《2011 年全国 31 个省市自治区公共文化服务指数蓝皮书》，商务印书馆 2012 年版。

②　深圳证券交易所和深圳证券信息公司联合发布的“华侨城文化产业指数”，已正式挂牌上市。这是迄今为止国内首只以文化产业上市公司为样本的主题指数。

③　如六盘水指数文化发展指数是其小康监测指标体系的重要组成部分，是一个合成指标，包含文化产业增加值占 GDP 比重指数、文化支出占公共财政支出比重指数和居民文教娱乐服务支出占家庭消费支出比重指数三个方面。参阅：http：//www.gzlps.gov.cn/art/2013/6/14/art_18678_524824.html。

大，便于追踪分析并有效覆盖相关内容；可获得性，亦称可采集性，指各指标要有权威的数据出处，否则指数分析便是无源之水。

二　指标选取标准及相关参照指标说明、各指标内涵及反映内容的技术性说明

(一) 公共文化服务

指标选取标准及相关参照指标说明

公共文化指数主要反映各省级行政区域内文化事业发展（特别是公共文化服务体系建设发展）的情况。党的十六大以来，党中央、国务院先后制定下发了《国家“十一五”时期文化发展规划纲要》《关于进一步加强农村文化建设的意见》《关于加强公共文化服务体系建设的若干意见》等文件，对构建公共文化服务体系、实施文化惠民工程等作出重要部署。党的十七大把“覆盖全社会的公共文化服务体系基本建立”作为实现全面建设小康社会的重要目标之一。2007 年，中办、国办第 21 号文件以《关于加强公共文化服务体系建设的若干意见》为题专门提出各地构建公共文化服务体系的具体路径、重大工程和惠民政策，公共文化服务体系上升为国家战略。之后，我国政府的文化事业主要表现为公共文化服务。

根据国家相关规定和我国文化发展实际状况，公共文化服务指标体系由“文化事业费占政府财政预算支出比重”“人均文化事业费”“文化事业费增长率”“每万人拥有公共文化设施面积”“公共文化事业人员占总人口比重”“公共图书馆人均藏书量”“公共文化服务满意度”7 个指标构成，分别从公共文化投入、公共文化服务体系运行、公共文化服务的效能三个方面来进行评价。从指标上看，既有客观指标，也有主观指标；既从量化指标考评公共文化服务的硬件建设，也从效益发挥的角度衡量公共文化服务的质量。

公共文化服务属于政府基本公共服务的范畴，因而在指标设计中其评价的几个维度主要针对政府提供的服务：首先，政府作为公

共文化服务的唯一责任主体，承担着制定公共文化发展战略、规划，制定并执行公共文化政策，保证公共文化服务必要的经费投入等职责。政府投入经费及其使用状况，既反映了公共文化最基本的物质保障水平，又体现了地方政府的重视程度。“文化事业费占政府财政预算支出比重”“人均文化事业费”和“文化事业费增长率”3个指标是对基于公共财政预算支出的量化考评，也是现有体制下对文化事业投入的通行评价指标。

其次，作为公共文化服务最主要的方面，阵地和人员是公共文化服务体系运转的核心。“每万人拥有公共文化设施面积”和“公共文化事业人员占总人口比重”分别反映了公共文化服务的设施水平和服务能力，属于公共文化服务体系建设中的必要条件。公共文化设施是公共文化服务的载体和硬件基础，公共文化事业人员则是发挥公共文化服务设施效能的关键因素，他们共同构成公共文化服务体系的基本要素。

最后，公共服务的效能是公共文化服务的终极目的，使用“公共图书馆人均藏书量”和“公共文化服务满意度”两个指标用于评估，一为客观指标，一为主观指标。从理论上讲，文化馆（站）的服务人数、艺术院团免费培训的人数和安排的公益性演出、博物馆的藏品数量质量等都可以反映公共文化服务的效能，但考虑到我国的实际情况，相对于文博两馆，图书馆长期以来是公共文化服务最基础、最广泛的阵地，覆盖面最宽；与文博两馆同类指标相比，藏书数量的增减不会受政策或节庆等因素发生较大波动，故其最能反映公共文化服务的基础能力。而“公共文化服务满意度”调查问卷的分析结果，则清晰地反映出各种服务是否符合居民文化需求的预期，是否发挥了应有的效能。

各指标所反映内涵的技术性说明

1. 文化事业费占政府财政预算支出比重

该指标反映政府对公共文化的重视程度。公共文化事业费是指国家用于发展社会文化事业的经费支出，主要包含国有博物馆、图书馆、艺术馆、纪念馆、部分文艺团体以及新闻、通讯、广播、电视、出版等部门的经费拨款（不含基础建设经费），以及在公共服务框架内进行的政府购买的提供给公众的文化产品及服务。

我国的文化事业经费在政府财政支出中长期处于较低的水平，在“十一五”末期的2009年，全国文化事业费为292.32亿元，只占国家财政总支出的0.4%，[①] 到2012年，这一比例全国平均也只有0.42%，有18个省市自治区低于平均水平[②]，这远低于财政部和文化部联合发布的公共文化事业费需占政府财政支出1%的标准。

2. 人均文化事业费

该指标反映政府在公共文化领域内的财政投入力度，主要表现为政府财政投入惠及文化民生的作用力，是人民群众所最直接感受到的文化服务。2012年，全国人均文化事业费为35.86元，有21个省市自治区低于平均水平，这表明许多省市自治区公共文化投入严重不足，总量少、比重低，地方政府有很大的提升和发展空间。

3. 文化事业费增长率

该指标反映政府公共文化投入的增长情况。文化事业经费的投入直接影响到公共文化服务的数量和质量，国内文化事业费投入长期处于政府预算的末端，近年来，在“文化大发展大繁荣”的背景下，各地对文化建设的热情空前高涨，掀起了一轮文化大发展的新浪潮，一些地区在文化方面（特别是公共文化服务）的投入大幅度增加，显示出对文化发展的重视程度。据统计，近年来，四川、安徽、新疆在公共文化投入的增幅较快。

---

① http：//www.ccnt.gov.cn/xxfb/xwzx/whxw/201011/t20101130_85187.html.

② 数据来源：上海师范大学都市文化研究中心、上海高校都市文化E—研究院发布的《2012中国公共文化服务发展报告》，中国社会科学杂志网站：http：//www.csstoday.net/Item/74942.aspx。

4. 每万人拥有公共文化设施面积

该指标指按常住人口计算，每万人拥有各级政府或社会投资兴建的，向公众开放用于开展公共文化活动的公益性文化场地设施面积数。公共文化设施面积，是对公众免费开放的公益性文化场馆的室内业务用房面积，不含室外文化设施面积。公益性文化场馆，理论上包含免费开放的公共图书馆、博物馆（纪念馆）、美术馆、文化馆、乡镇（街道）综合文化站、行政村和社区文化室（含农家书屋）。

但在统计中，限于各省市自治区统计口径与文化设施建设实际情况，在数据选取中，仅将各地区文化馆、图书馆纳入评估，主要基于以下因素：其一，文图两馆是我国文化建设的主要阵地，各地已经基本建成，覆盖到全国各县级行政单位，而诸如博物馆、美术馆等其他文化场馆，各地没有统一的建设标准，相当多地区尚未建立，有些地区尽管建立了但仍未纳入公益性文化服务内容，故不做统计；其二，县级以下的各公共文化服务场所，包括村镇（街道）文化活动中心、社区（村）文化室以及农家书屋，由于各地建设标准、归口管理等不同，难以进行完整统计，故也未纳入指标进行统计。事实上，权威的《中国文化文物统计年鉴》也一直只将两馆纳入统计范围，该指标宜沿用此标准。

5. 公共文化事业人员占总人口比重

该指标主要反映公共文化服务的效度和力度。公共文化事业人员，指政府财政预算内供养的、在事业性文化单位内为公众提供文化产品和文化服务的人员，主要包括免费开放的文化馆、图书馆、博物馆、纪念馆、美术馆等活动场馆和部分公益性（执行事业单位会计制度）的文艺院团的职工和专业技术人员，统计中按照国家文化部统计口径，暂按照公立图书馆、群众艺术馆、文化馆、文化站、博物馆予以统计。需要说明的是，虽然现行公共文化服务体系中的乡镇（街道）文化活动中心工作人员亦应属此范畴，但根据调研各地实际发现，乡镇一级文体活动中心工作人员基本都属于乡镇政府事业编制序列，与县市文化馆只存在业务关系，且其人员存在一定程度的混岗使用等情况，其效能发挥是参差不齐的。

6. 公共图书馆人均藏书量

该指标主要反映公共图书馆这一公共文化服务的最基础的场馆提供服务的能力。公共图书馆是国家公共文化建设中最基本、最重要的服务场所之一，也是迄今为止在国内最普遍的公共文化场馆，藏书量是体现图书馆的专业规模、综合实力的最主要的指标，而人均藏书量则代表其服务能力和水平。2011 年，我国人均公共图书馆购书经费不足 1 元，人均藏书量不足 0.5 册①，而国际图联和联合国教科文组织推荐的数据为人均藏书量 1.5 至 2.5 册②，存在显著差距。

7. 公共文化服务满意度

该指标是居民对公共文化服务认可情况的主观指标。公共文化服务的最终受众是广大群众，他们对文化的需求是公共文化服务建设最直接的目的，他们对公共文化服务的评价，是调整公共文化服务体系建设的重要参考。

（二）文化产业与文化市场

指标选取标准及相关参照指标说明

文化市场是指按价值规律进行文化艺术产品交换和提供有偿文化服务活动的场所。文化市场的主体是各文化产业单位，它们在提供产品和交换的过程中形成文化市场。因而，文化产业与文化市场是紧密联系的两个概念，它们共同构成文化产品的生产、流通、消费，是文化产品成为商品、创造附加值的过程。

本指标由反映文化产业发展和文化市场繁荣的两部分指数共同构成，包括“文化产业增加值”“文化产业增加值占 GDP 比重”

① 参见《法制日报》2013 年 3 月 14 日，http://www.legaldaily.com.cn/zt/content/2013-03/14/content_4275782.htm?node=42291。

② 参见国际图联、联合国教科文组织颁布、林祖藻译《公共图书馆发展服务指南（中文版）》，上海科学技术文献出版社 2002 年版。

“国家级文化产业示范园区数量”“城镇家庭年人均教育文化娱乐服务消费支出”“农村家庭年人均教育文化娱乐服务消费支出”“每百万人口文化作品版权登记量”6项指标，其中，前三项主要反映文化产业发展情况，后三项主要反映文化市场繁荣程度。

在文化产业相关指标中，产业增加值及增加值占GDP比重主要体现作为文化产业一种行业对在国民经济中的体量、地位及对经济增长的贡献，这两个指标也是评价一个产业（行业）在国民经济中地位和作用的最通行的标准。“国家级文化产业示范园区数量”体现区域内文化产业发展的质量，与上述体现产业体量的指标相呼应。

在文化市场相关指标中，城乡居民人均教育文化娱乐支出指标针对消费，是展示文化市场繁荣程度的最直接的、最有说服力的指标。每百万人口文化作品版权登记量则反映文化市场的规范程度和区域文化创造力。通常，只有具备原创性、能产生一定经济价值的文化作品才会进行版权登记（故美国将我国所谓的文化产业称为“版权产业”），版权登记是维护市场秩序的重要手段，也只有在文化品交易量达到一定规模后才会产生，它既标志着文化市场的成熟，也体现文化市场的规范化。

各指标所反映内涵的技术性说明

1. 文化产业增加值

该指标主要反映文化产业在国民经济中的宏观地位。增加值是国民经济核算的一项基础指标，它反映的是一个国家（地区）在一定时期内所生产的和提供的全部最终产品和服务的市场价值的总和，同时也反映了生产单位或部门对国内生产总值的贡献。产业（行业）增加值是指企业在报告期内以货币形式表现的工业生产活动的最终成果；是企业全部生产活动的总成果扣除了在生产过程中消耗或转移的物质产品和劳务价值后的余额；是企业生产过程中新增加的价值。

目前，各地关于文化产业增加值的统计口径差异较大，如北京一直以来就将软件业、网络业等纳入文化产业，而新疆则仅按照文化部计财司统计口径上报体制内文化企事业单位增加值。在各地采取国家统计局《文化及相关产业分类（2012）》作为标准口径统计前，暂以《中国文化文物统计年鉴》数据作为基础，待国家统计局按新口径公布各地区数据后再行修改。

2. 文化产业增加值占 GDP 比重

该指标主要衡量区域内文化产业发展的质量。根据国际通行标准，一个行业在国民经济总比重中占8%—12%，可视为国民经济的支柱产业；在中国，国家统计局将占 GDP 总量的5%作为一个行业（产业）成为国民经济支柱产业的最低标准，① 既有关于文化产业的研究中，都采取了这一标准线，我们也持同样看法。

3. 国家级文化产业示范园区数量

为培育市场主体，增强企业活力，发挥骨干文化企业的示范、窗口和辐射作用，从 2004 年至今，文化部先后命名了 5 批 266 家国家文化产业示范基地（其中 2009 年和 2011 年分两批撤销过 7 家基地命名）。

稍后，为推动我国文化产业向规模化、集聚化和专业化方向发展，加快文化产业集聚区建设，文化部自 2007 年以来，本着少而精的原则，共命名了 8 家国家级文化产业示范园区和 7 家国家级文化产业试验园区，旨在通过规划引导、政策扶持、典型示范，带动引领全国文化产业快速发展。国家级文化产业示范园区和试验园

① 国家计委政策研究室在《中国支柱产业振兴方略》一书中提出了考察我国四大支柱产业的九项量化指标：一、工业增加值在 GNP 中的比重达到5%左右，产值占工业总产值8%左右；二、出口创汇稳定增长，国际市场占有份额上升，行业外贸进出口由净进口变为净出口；三、就业人员占全国就业人员总数的比重有所提高，同时在紧密相关的工业部门和服务行业就业人员大量增加；四、行业关联度高，影响力系数和感应度系数均大于1；五、较高的产业集中度和骨干企业的市场占有率，集约化、社会化的大生产方式，配套协作的企业组织网络；六、与国际同行业比较，技术比较成熟；七、需求收入弹性高于1，大体在1.5左右；八、经济效益好，附加价值率一般在25%—40%；九、具有高于国民经济总增长率的、持续的、较高的部门增长率。

区，是在以个体企业为主体的国家级文化产业示范基地的基础上，整合集聚资源，通过强化管理，引导地方政府完善政策服务，获得了快速发展，产业规模化、集聚化水平大幅提升，已经成为我国文化产业发展的重要载体。该园区数量少，评审标准严格，是我国文化产业发展质量中最有说服力的指标。

4. 城镇家庭年人均教育文化娱乐服务消费支出

5. 农村家庭年人均教育文化娱乐服务消费支出

这两个指标都是对文化消费能力的统计。根据国家统计局《中国统计年鉴》的分类，居民消费支出一般分为食品、衣着、家庭设备用品及服务、医疗保健、交通和通讯、娱乐教育文化服务、居住、杂项商品和服务等；消费支出越多，表明该项目内家庭或个人需求越旺盛，家庭服务性消费水平的高低是反映居民生活质量提高的一个重要标志，在物质消费得到基本满足后，居民更加注重精神文化生活。城乡文化娱乐设施的大力开发，社区、村组文化娱乐市场健康发展，为居民休闲娱乐活动创造了良好的环境和空间，带动了文化娱乐服务消费。该指标是衡量一个国家或地区人民生活水平和质量的重要依据。

6. 版权合同登记数

版权又称为著作权，版权登记指按照《中华人民共和国著作权法》，根据自愿原则，对软件著作权；文字作品；口述作品；音乐、戏剧、曲艺、舞蹈、杂技艺术作品；美术、建筑作品；摄影作品；电影作品和以类似摄制电影的方法创作的作品；工程设计图、产品设计图、地图、示意图等图形作品和模型作品；法律、行政法规规定的其他作品等进行的版权属登记。

版权登记是文化作品和文化产品的创作和生产发展到一定阶段，保护著作权属及其可能的经济收益而进行的法律保护。① 版权登记有利于维护作者或其他著作权人和作品使用者的合法权益，有

① 参阅李雨峰《版权登记制度探析》，《知识产权》2008 年第 5 期。

助于解决因著作权归属造成的著作权纠纷，并为解决著作权纠纷提供初步证据；有利于作品、软件的许可、转让，有利于作品、软件的传播和经济价值的实现；能体现个人的自我价值和企业的创新实力。我国现阶段的版权登记，具有保护著作人（法人）合法权益、规范文化市场、促进版权市场化的作用。①

在一定区域内，版权登记量越多，说明该区域内的文化作品和文化产品的创作、发明量越多，越能体现该区域内文化市场繁荣程度。

（三）文化发展环境

指标选取标准及相关参照指标说明

文化发展环境指标旨在评估现实客观条件对文化发展的影响程度和潜在价值。从文化生态学的视角看，文化发展环境主要指相互交往的文化群体凭以从事文化创造、文化传播及其他文化活动的背景和条件，包括自然地理环境、社会经济环境、人文制度环境等。因而，它是一个多维的指标。基于我国文化建设发展的现实情况和指数体系所必须的可评估性的原则要求，我们仅将社会经济条件和人文发展水平作为文化发展环境的主要部分，即狭义上的“文化土壤”②。

从理论上讲，任何区域内的经济发展水平、社会文明程度、人文风情条件、制度体系建设都是文化得以孕育、发展不可缺少的条件③，要试图在几乎包罗社会万象的领域内选取能较为准确反映文

① 参阅沈世娟、戈琳《版权登记的法律属性及其完善》，《知识产权》2010年第5期。

② 文化土壤一般指培育民族文化及其性格的特殊文化环境。主要包括三个层次：第一，地理环境。这是一个民族赖以生存、活动的区域场所和自然资源。第二，经济基础。这是在区域地理环境中产生的物质生产方式，形成该文化的经济基础。第三，社会政治制度。在前述两个层次上构建的社会组织形式，这是文化发展的制度保障。各民族赖以生存和发展的文化土壤，决定不同的民族文化形态及其独具个性的文化特征的形成和彰显。

③ 参见王玉德《文化学》，云南大学出版社2006年版。

化孕育、发展基础的指标，并非易事。我们选用“地区 GDP 总量”“人均 GDP”“R&D 占 GDP 比重”“流动人口占户籍人口比例”“万人互联网用户数”“国家级文化遗产数量”“每万人知识产权案件发案率”“文化法制环境满意度”8 个指标来涵盖，是基于以下考量：

首先，经济发展水平直接制约了文化发展程度，经济基础决定上层建筑，“仓廪实而知礼节，衣食足而知荣辱”即是所谓。经济体量的大小决定了生产力的高下，影响到创造文化产品的能力，制约了文化消费能力。“地区 GDP 总量”反映地区的经济实力和市场规模，是文化得以生存发展的物质基础条件。而“人均 GDP”不但体现区域内经济社会发展水平，还蕴含了刺激文化产业发展的消费能力和市场潜力。

其次，研究与试验发展（Research and Development，简称 R&D）经费支出占地区生产总值（GDP）比值是目前国际通用的衡量科技活动规模、科技投入水平和科技创新能力高低的重要指标，它在很大程度上反映了一个区域的经济增长潜力和科学发展的能力，也是反映我国自主创新能力和创新型国家建设进程的重要内容。

再次，人口流动情况和互联网用户数都反映出社会发展环境对文化的影响。流动人口只有在流入地具备相当程度的吸引条件时，才会大规模向流入地流动。这些条件包括创业就业机会、社会保障水平、经济发展程度、政府公共服务能力、人文环境等多种因素，而这些因素的合力即体现为一地的文化土壤环境，这种富于包容性的环境和氛围，无疑有利于文化的创造和创作，有利于地区的文化繁荣。互联网是信息时代的主要标志，基于互联网的文化传播成为当代文化传播最主要的方式，互联网用户数量体现了文化传播受众的多寡。

复次，文化发展离不开资源禀赋。国家级文化遗产数量包含国家级非物质文化遗产数量和全国重点文物保护单位数量，旨在说明省区内有形和无形文化遗产的丰富程度。

最后，文化法制是文化发展的基本保障。“万人知识产权发案率”和“文化法制环境满意度”对此进行了概括。知识产权保护为智力成果完成人的权益提供了法律保障，调动了人们从事科学技术研究和文学艺术作品创作的积极性和创造性；也为智力成果的推广应用和传播提供了法律机制，为智力成果转化为生产力，运用到生产建设上去，产生了巨大的经济效益和社会效益。为国际经济技术贸易和文化艺术的交流提供了法律准则，促进人类文明进步和经济发展。因而，知识产权案件的发案率是文化发展程度和知识经济活跃程度的重要体现。“文化法制环境满意度”则是对文化法制保障文化发展的主观感受，是人民群众和法人主体对文化法制建设成就的直观评价。

以上从经济体量、研发能力、社会环境、文化资源、文化法制建设五个方面对文化发展环境做了一个综合评价，涵盖了文化发展所需的最基本的若干基础条件。

各指标所反映内涵的技术性说明

1. 地区 GDP 总量

地区 GDP 总量又称为地区生产总值，是指本地区所有常住单位在一定时期内生产活动的最终成果，地区生产总值等于各产业增加值之和。其计算方法有三种：(1)生产法：增加值 = 总产出 - 中间投入，国民经济各行业的增加值之和等于地区生产总值；(2)收入法：增加值 = 劳动报酬 + 生产税净额 + 固定资产折旧 + 营业盈余，国民经济各行业的增加值之和等于地区生产总值；(3)支出法：地区生产总值 = 最终消费支出 + 资本形成总额 + 货物和服务净支出。目前我国各地统计数据大多以生产法即国民经济各行业增加值之和作为地区 GDP 总量。

2. 人均 GDP

区域内在核算期内（通常为一年）实现的生产总值与所属范围内的常住（或户籍）人口的比值即为人均 GDP。首先，人均

GDP 比较客观地反映了一定国家社会的发展水平和发展程度，尤其是社会保障、医疗卫生、教育和人口寿命以及环境和生态建设等方面的发展水平，是国家（地区）综合实力的体现；其次，人均 GDP 构成了一国居民人均收入和生活水平的主要物质基础；最后，它们代表了文化发展的外在条件和物化水平。同时，人均 GDP 也是文化产业发展的重要的潜在影响因素。根据国际经验，地区人均 GDP 突破 5000 美元大关后，文化产业会迎来井喷式的发展。

3. R&D 占 GDP 比重

根据科技部科技统计方法制度规定，R&D 经费支出的统计范围是：各级各部门（县及县以上）所属国有独立核算的科学研究与技术开发机构，科技情报与文献机构，全日制普通高校，国防科技工业系统的科学研究与技术开发机构及科技情报与文献机构，大中型工业企业，综合技术服务机构，小型工业企业，建筑企业，交通运输、仓储及邮电业，信息传输、计算机服务和软件业，金融业，租赁和商务服务业，水利、环境和公共设施管理业，卫生、社会保障和社会福利业，文化、体育和娱乐业。①

按照 R&D 经费支出的统计要求，只有论文或专著，自主研制的新产品原型或样机、样件、样品、配方、新装置，自主开发的新技术或新工艺、新方法，发明专利，基础软件这五项才属于 R&D 项目。

4. 流动人口占常住人口比例

流动人口（recurrent population），是指离开户籍所在地的县、市或者市辖区，以工作、生活为目的异地居住的成年育龄人员。国外一般称为人口流动。2013 年 9 月 10 日，国家卫生计生委发布的《中国流动人口发展报告 2013》显示，2012 年我国流动人口数量

---

① 参阅国家统计局、科技部、国家发展改革委、教育部、财政部、国防科工局《关于开展第二次全国 R&D 资源清查的通知》（国统字［2009］57 号文件）；华中科技大学管理学院科技信息统计中心：《第二次全国 R&D 资源清查及 2009 年科技统计年报培训教材》，2009 年 11 月。

达2.36亿人，相当于每6个人中有一个是流动人口。[①] 我们选取第六次全国人口普查数据（2010年），以各地居住的非本省籍户籍人口作为跨省流动的人口数量进行统计。

我国目前的人口流动主要是为了生存和发展的需要，表现为人口流动主要是由农村流向城市，由经济欠发达地区流向经济发达地区，由中西部地区流向东部沿海地区。流入地的生产生活条件、工作机会、就业环境、公共服务水平等因素是吸引人口流入的主要因素，而这些因素又体现了当地经济社会发展的总体水平和文明程度，经济社会发展的总体水平和文明程度水平越高的地区，流入人口就越多；反之，户籍人口流出越多，则说明地区的发展水平和文明程度越低。

5. 国家级文化遗产数量

国家级文化遗产主要包含物质文化遗产（文物）和非物质文化遗产，该指标主要体现一个地区文化资源的数量，以及地区在文化发展中具备的底蕴和潜力。国家级文化遗产数据来源于国家公布的六批国保文物和四批国家级非遗名录。

6. 万人互联网用户数

互联网用户数反映一个地区信息化发展水平，万人互联网用户体现互联网普及程度，也反映了该地区人口在享受信息服务和获取信息资源的便捷性。互联网用户数根据《中国第三产业统计年鉴2015》互联网人数和《中国统计年鉴2015数据》各省人口总数计算。

7. 每万人知识产权发案率

知识产权是指人们就其智力劳动成果所依法享有的专有权利，通常是国家赋予创造者对其智力成果在一定时期内享有的专有权或

---

① 资料来源：中央人民政府网站：http：//www. gov. cn/xwfb/2013 －09/10/content_2485165. htm。

独占权（exclusive right）。[①] 知识产权从本质上说是一种无形财产权，它的客体是智力成果或者知识产品，是一种无形财产或者一种没有形体的精神财富，是智力劳动所创造的劳动成果。

知识产权是智力劳动产生的成果所有权，它是依照各国法律赋予符合条件的著作者以及发明者或成果拥有者在一定期限内享有的独占权利。它分为两类：一类是著作权（也称为版权、文学产权）；另一类是工业产权（也称为产业产权）。两者基于《中华人民共和国著作权法》和《中华人民共和国专利法》的保护。知识产权案件即涉及著作权和产业产权的案件，据统计，我国自2008年以来，知识产权案件发案率逐年快速上升，最高人民法院近年来更是以《最高人民法院知识产权案件年度报告》的方式对外公开发布知识产权的典型案例并总结案件的发案方式及规律。

8. 文化法制环境满意度

文化法制环境主要体现在“依法治国”的法制社会中，居民感受在文化领域内，法律对自然人及法人的保护力度。通过座谈会、书面征求意见和专家咨询等多种形式和渠道，广泛收集文化法制环境满意度的信息和数据。

（四）文化发展影响力指数

指标选取标准及相关参照指标说明

该指数反映文化作为内化的精神文明，反作用于经济建设、社会文明进步的情况。文化影响力，也称文化软实力，有时也称文化价值（文化功能发挥）。如何界定文化影响力的发展程度？实际上，自1984年G. 霍夫曼斯坦《文化的影响力》一书发表后，对文化影响力的量化评价就一直没有一个绝对统一的标准。通常，人们认为文化可以产生凝聚、导向、激励的作用，既体现为对个人的社会化，又体现为对团体的规范整合，还体现为展示地域特色、传播精神内涵的任务等。因此，本指标用“6岁以上人口人均受教育

---

① 参见朱崇实《经济法》，北京大学出版社2011年版，第109—110页。

年限”“省级图书馆藏书流通次数”“全国文明城市数量”“对外、对港澳台文化交流数量”“文化体育娱乐业就业人数占总就业人数比例”5个指标来构成评价文化影响力的指数。其中又可以分成三个层面。

第一，对个人而言，文化起着塑造个人人格，实现社会化的功能。教育是促使“以文化人”的核心环节，特别是在个人成长的过程中。基于此，“6岁以上人口人均受教育年限”主要考量区域内教育普及的程度，体现劳动力所具备的基础知识水准，受教育年限越长，其对个人的综合素质和社会的整体文明程度越有益。

第二，从社会反馈上看，文化越发展，其社会整合和社会导向的作用越明显。“省级图书馆藏书流通次数”体现省级区域内的文化活跃氛围，较之于“博物馆参观人数”“文化馆培训人次”等指标，它相对客观且较为准确；“全国文明城市数量”反映文化对区域内居民的综合影响程度的外化结果。

第三，在文化功能发挥的层面，它还肩负了增强区域软实力、促进社会发展进步的责任。“对外、对港澳台文化交流数量”体现区域内以文化创作的水准、文化品牌的塑造，各地对外文化交流是提升我国软实力的重要组成部分，其数量的多少反映了在国内文化先进领域内的地位；“文化体育娱乐业就业人数占总就业人数比例”是体现文化对经济社会发展的重要推动，文化体育娱乐业是第三产业的重要组成部分，它吸纳的就业人数反映区域内由于文化繁荣导致的文化需求旺盛和文化产品丰富程度，以及在此基础上整个文化行业对社会发展的贡献。

各指标所反映内涵的技术性说明

1. 6岁以上人口人均受教育年限

该指标是指某一区域内6岁以上人口群体（即所谓的学龄后人群）人均接受学历教育（包括成人学历教育，不包括各种非学历培训）的年数，主要反映人口受教育的总体水平。在教育普及和国民素质分析中，该指标有相当重要的价值。按国家统计局公布的抽样人口，对各层次受教育人口将分别以“=小学6年、初中9年、高中12年、大专及大专以上16年”进行加权计算。

2. 省级图书馆藏书流通次数

该指标指省级图书馆在一定周期内（通常为一年），包括在馆内阅读和借出阅读书、刊、缩微制品、视听文献、电子文献等的读者数量。该指标主要反映省级图书馆的服务水平和能力，以及区域内文化发展水平（特别是针对中高端的文化需求）。

选择省级图书馆而非全部公共图书馆的流通次数，主要考虑到当前国内图书馆的特点：公共图书馆担负着为科学研究服务和为大众服务的双重任务。其中省、市、自治区图书馆是所在省、市、自治区的藏书、目录、馆际互借和业务研究、交流的中心，它们还对中小型图书馆提供业务辅导。大、中城市区图书馆的主要任务是为城市人民群众服务，其主要服务对象是城市中的各阶层居民。县图书馆多为本县工人、农民、乡镇居民和少年儿童服务。截至2011年底，我国尚有19.3%的地市没有图书馆，12.2%的县没有图书馆。省级馆是省级区域内藏品数量最多、价值最好、利用率最高的公共图书馆，以此为标准评价省级区域的文化氛围，是较为恰当的。

3. 全国文明城市数量

全国文明城市是中国城市的最高荣誉，是指在全面建设小康社会、推进社会主义现代化建设新的发展阶段，坚持科学发展观，经济和社会各项事业全面进步，物质文明、政治文明、精神文明与生态文明建设协调发展，精神文明建设取得显著成就，市民整体素质和文明程度较高的城市。

本指标根据中央文明办命名的副省级、地级市“全国文明城市”数量进行统计，对不设地级以上市的直辖市，以其文明城区数量作为统计标准，对命名的各县级市，不纳入统计。

4. 对外、对港澳台文化交流数量

该指标主要反映国际及地区文化交流的丰富程度。最近10年，传统的中外文化合作机制向更高层次发展，出现了中俄、中美、中欧、中阿、中非、上合、中英、中德等双边、多边人文合作机制；文化交流项目数量大增，年均总数与人次超过了改革开放前30年的总和；数量猛增之外，政府支持的交流项目也突破了传统的政府团、演出团、展览团的“老三样”模式，出现了部长论坛、文化政策圆桌会议、艺术家、作家客座创作等向深层次交流发展的趋势。①

目前，国内对外、对港澳台文化交流的主要形式有：中国文化年、中国文化节等重要文化标志品牌；欢乐春节、相约北京、亚洲艺术节、中非文化聚焦、阿拉伯艺术节，德国、意大利、澳大利亚“中国文化年”以及在国内的上海国际艺术节、吴桥国际杂技艺术节、各类艺术比赛、成都国际非遗节；面对港澳的“艺海流金”“根与魂——非物质文化遗产”；面向台湾的“情系”系列，“两岸城市文化节”，等等。

本书中，对外（港澳台）文化交流数量以项目而非人次作为统计指标，以减少因广东、福建等省由于区位原因形成的交流人数倚重对分析结果的影响。

5. 文化体育娱乐业就业人数占总就业人数比例

根据国标《国民经济行业分类》（GB/T4754—2002）的界定，“文化体育娱乐业”是包含第88—92大类的行业总称，具体包括“新闻出版业”“广播、电视、电影和音像业”“文化艺术业”“体育”和“娱乐业”。这些行业属于第三产业中的重要组成部分，在其中就业的人数直接体现了文化行业（从大文化的角度）的繁荣程度，其就业人数占总就业人数之比反映了文化对于就业的贡献。

第四节　中国文化发展指数综合评价方法

中国文化发展指数体系是一个动态的、综合的多指标体系，评

① 参阅中国网新闻中心：http：//news. china. com. cn/2012 - 05/15/content_25390798. htm。

价方法本身必须具有可操作性，并且正确、简便。目前用于进行各类评价的方法很多，有技术经济分析法、专家咨询法、层次分析法、投入产出法、模糊评价法等。由于中国文化发展综合评价既是一种发展状态的评价，又是一种发展趋势的评价，单独某一种方法很难适用于中国文化发展综合评价，为此应采用多指标综合评价方法。综合评价的实施由以下几个步骤组成：定性指标的量化、指标标准值的确定、指标的无量纲处理、权重赋值及综合指数计算方法选取工作。

一 指标的量化

指标按其性质可分为两类：一类是定量指标，可根据基础统计数据或计算出指标值；另一类是定性指标，这类指标较难量化，是评价工作中克服主观因素的一大难题。如本书研究的公共文化服务满意度、文化法制环境满意度。

为实现定性指标的定量化，通常做法是：首先给定性指标明确的定义，再根据指标定义和实际情况给指标评分。对于定性指标而言，可结合具体技术参数等情况，把定性指标人为定量化，定量化的标准使各个评价方案之间具有可比性。定性指标定量化方法很多，如 Delphi 法、头脑风暴法、模糊方法、灰色关联度法、AHP 法等，但由于问题的复杂性，至今仍没有一个彻底解决定性指标定量化的方法，在应用中常综合使用多种办法。

我们将该类指标设计问卷调查指标。为了不影响综合评价结果，将该类指标各省市自治区指标值统一设定为相同固定值进行计算。

二 指标标准值的确定

在进行中国文化发展指数综合评价时需要对各项评价指标确定其标准值，有些指标，例如：公共文化事业费占政府财政预算支出比重、公共图书馆人均藏书量已经有了国家的、国际的或经过研究确定的标准，对于这些指标可以直接使用规定的标准进行评价；但是有些指标，例如：人均文化事业费、公共文化事业费增长率、文化产业增加值、文化产业增加值占GDP比重、R&D占GDP比重等并没有一定的标准，而且有的指标并非越多越好，或越少越好，呈简单的线性关系，对于此类指标的标准的确定就比较困难，为了适应当前评价的要求，现拟定以下几项原则供制定标准值时参考：

（一）凡已有国家标准的或国际标准的指标，尽量采用规定的标准值；

（二）参考国外具有良好特色的城市的现状值作为标准值；

（三）参考国内城市的现状值，作趋势外推，确定标准值；

（四）依据现有的环境与社会、经济协调发展理论，力求定量化作为标准值；

（五）对那些目前统计数据不十分完整，但在指标体系中又十分重要的指标，在缺乏有关指标统计数据前，暂用类似指标替代。

根据以上原则拟定的中国文化发展指数综合评价标准，有相关标准的采用相关标准进行计算，没有相关标准的选用各省市自治区平均值作为标准值进行计算。

三　无量纲处理

对于已选定的指标体系，由于各个指标的计量单位及数量级相差较大，所以一般不能直接进行简单的综合。必须先将各指标进行标准化处理，变换成无量纲的指数化数值或分值，再按照一定的权重进行综合值的计算。

无量纲处理，也叫作指标数据的标准化、规范化，是指采用数学变换以消除指标值数量级或量纲的不同对综合绩效评价值产生的影响。目前常用的无量纲处理方法大致可以归为四类：直线型无量纲化方法、折线型无量纲化方法、曲线型无量纲化方法。

直线型无量纲化方法基本思想是假定实际指标值和评价指标值之间存在着线性关系，实际指标值的变化引起评价指标一个相应的比例变化。代表方法有阈值法。阈值也称临界值，是衡量事物发展变化的一些特殊指标值，比如极大值、极小值、满意值、不允许值等。阈值法是用指标实际值与阈值相比以得到指标评价值的无量纲化方法。即：

标准化处理值＝（指标值÷标准值），即：$Y_{ij}\frac{X_{ij}}{X_j}$

式中：X_j称为标准值，一般可以取指标极大值、极小值、平均值、指标总值、理想值等。这里的 X_j，有相关标准的采用相关标准进行计算，没有相关标准的就选用各省市自治区指标值平均值作为标准值进行计算。

X_{ij}——各指标量化的实际指标值；

Y_{ij}——无量纲化后的标准化值。

四　权重赋值方法

指标权重的合理与否在很大程度上影响综合评价的正确性和科学性。目前，在综合评价实践中确定权重的方法可大致分为两类：主观赋权法与客观赋权法。主观赋权法根据决策者对各指标的主观重视程度赋权，如专家打分法、二项系数法、层次分析法等；客观赋权法依据客观信息（如决策矩阵）进行赋权，如主成分分析法、摘值法、多目标规划法等。

各种方法都有优点，也都有局限性，在具体使用时应根据评估目的和指标数据的情况有选择地使用。到目前为止，在实践中常用的方法仍是依据研究者的实践经验和主观判断来确定权重。专家打分法是在定量和定性分析的基础上，以打分等方式作出定量评价，其结果具有数理统计特性。其最大的优点在于，能够在缺乏足够统计数据和原始资料的情况下，可以作出定量估计。

专家评价法的主要步骤：首先根据评价对象的具体情况选定评价指标，对每个指标均定出评价等级，每个等级的标准用分值表示；然后以此为基准，由专家对评价对象进行分析和评价，确定各个指标的分值，采用加法评分法、乘法评分法或加乘评分法求出各象的总分值，从而得到评价结果。

通过专家打分法一级指标和二级指标的权重计算结果见表6。

表6　一级指标和二级指标的权重

目标层	一级指标（准则层）	二级指标（指标层）	权重
中国文化发展评价	公共文化服务（0.2179）	公共文化事业费占政府财政预算支出比重	0.0338
		人均文化事业费	0.0373
		公共文化事业费增长率	0.0340
		每万人拥有公共文化设施面积	0.0270
		公共文化事业人员占总人口比重	0.0253
		公共图书馆人均藏书量	0.0221
		公共文化服务满意度（通过问卷调查获取数据的主观指标）	0.0385
	文化产业与文化市场（0.2774）	文化产业增加值	0.0537
		文化产业增加值占 GDP 比重	0.0550
		国家级文化产业发展园区数量	0.0416
		城镇家庭年人均教育文化娱乐服务消费支出	0.0410
		农村家庭年人均教育文化娱乐服务消费支出	0.0467
		版权合同登记数	0.0394
	文化发展环境（0.266）	地区 GDP 总量	0.0299
		人均 GDP	0.0356
		R&D 占 GDP 比重	0.0361
		流动人口占地区常住人口比例	0.0256
		国家级文化遗产数量	0.0321
		万人互联网用户数	0.0290
		每万人知识产权发案率	0.0331
		文化法制环境满意度（通过问卷调查获取数据的主观指标）	0.0446

续表

目标层	一级指标（准则层）	二级指标（指标层）	权重
中国文化发展评价	文化发展影响力（0.2387）	6岁以上人口人均受教育年限	0.0545
		省级图书馆藏书流通次数	0.0426
		全国文明城市数量	0.0539
		对外、对港澳台文化交流数量	0.0499
		文化体育娱乐业就业人数占总就业人数比例	0.0378

第五节　中国文化发展综合指数的计算

指数实际的综合评价方法有若干，中国文化发展综合评价通过数据分析，确定使用综合指数法，即：在建立测评指标体系的基础上，用一定的方法对这些指标进行综合打分，用综合得分来衡量、判断中国文化发展综合水平的高低。该方法的优点是简便、易行，能将一些定性因素相对定量化，综合判定中国文化发展综合水平。

第一步，指标无量纲处理，对指标数据的标准化处理。

计算公式为：$Y_{ij}=\frac{X_{ij}}{X_j}$

式中：i 为指标序号；

Y_{ij} 为第 i 项指标的标准化值；

X_{ij} 为第 i 项指标量化的实际指标值；

X_j 为第 i 项指标的标准值。

第二步，确定每个指标的实现程度，每个指标的实现程度是该指标标准化值除以全面目标值。

计算公式为：$Z_{ij}=\frac{Y_{ij}}{\max Y_j}$

式中：i 为指标序号；

Z_{ij}为第 i 项指标的实现程度（即通常所说的“进程”）；

Y_{ij}为第 i 项指标无量纲后的标准化值；

$\max Y_i$ 为第 i 项指标无量纲标准化值的最大值。

第三步，计算各个指标的实际得分，每个指标的实际得分是该指标的实现程度与其权数的积。

计算公式为：$W_i = Z_{ij} \times P_i$

式中：P_i 为第 i 项指标的权数；

Z_{ij}为第 i 项指标的实现程度；

W_i 为第 i 项指标的得分值。

第四步，把单个指标得分加总即得出中国文化发展综合评价实现程度。

计算公式为：$F_i = \sum_{i=1}^{n} W_i \times 100$

式中：W_i 为第 i 项指标的得分值；F_i 表示中国文化发展综合评价分值。

第六章　中国文化发展指数实证分析

第一节　各省市自治区文化发展状况整体测量与分析

一　测量结果：上海、北京、广东位列前三，海南、贵州、江西居末尾

根据前文所述的体系构建和分析方法，我们得到了全国 31 个省市区自治区文化发展整体四大维度的得分和排名。如表 7 所示。

整体上看，综合得分都比较低，最高的上海才 71.7 分，综合得分超过 60 分的只有 2 个省市，平均值 42.0 分。根据测量方法，满分值是 100 分，从第 1 名上海只有 71.7 分可以发现各省市自治区在本研究构建的评价体系所选定的 26 个三级指标上发展是不均衡的，即使是上海在某些三级指标上与该指标的第 1 名也存在较大差距。如上海“公共文化服务”得分高达 82.6 分，“文化产业与文化市场”也有 76.1 分，而“文化发展环境”“文化发展影响力”上的得分只有 64 分左右，与前 2 个维度得分差距较大。

从差距来看，得分最高的上海和最低的贵州相差 41.3 分，文化发展在各省市自治区之间是极不平衡的。

二　排名分析：东部城市排名靠前，经济发达城市排名靠前

从得分来看，根据各省市自治区之间得分差距，可以将 31 个省市自治区按得分高低分为四个层级。第一个层级是上海，得分与排

表7　　31省市自治区文化发展及其四大维度分数和排名*

	中国文化发展指数		公共文化服务		文化产业与文化市场		文化发展环境		文化发展影响力	
	得分	排序	得分	排序	得分	排序	得分	排序	得分	排序
上海	71.7	1	82.6	1	76.1	1	64.5	2	63.3	3
北京	60.3	2	63.3	4	51.8	2	72.6	1	71.9	2
广东	59.0	3	54.0	17	48.8	3	62.1	3	61.6	4
浙江	57.5	4	66.1	3	41.6	7	61.7	4	74.1	1
江苏	54.0	5	54.0	16	45.8	5	61.7	5	60.3	5
山东	48.1	6	44.8	23	40.7	8	54.8	8	53.4	7
四川	47.7	7	57.7	12	45.4	6	45.3	16	42.6	16
陕西	44.7	8	61.5	6	39.1	11	47.8	13	44.1	13
福建	44.4	9	47.2	20	28.4	14	52.3	9	50.3	8
辽宁	43.9	10	42.9	25	40.1	9	48.2	12	45.2	10
天津	43.5	11	54.3	14	24.9	15	57.8	6	55.3	6
河南	41.7	12	41.8	27	39.3	10	45.8	15	43.8	14
湖南	41.4	13	39.3	30	45.9	4	41.5	20	39.6	17
内蒙古	40.4	14	60.5	9	22.1	21	50.0	10	42.9	15
安徽	40.3	15	40.3	28	38.2	12	42.9	18	38.5	19
山西	39.4	16	56.5	13	18.7	29	57.6	7	45.8	9
湖北	38.8	17	40.2	29	23.9	16	45.9	14	44.2	12
甘肃	38.5	18	61.2	7	33.2	13	37.5	28	33.7	27
西藏	38.3	19	73.7	2	23.8	17	43.8	17	31.3	31
新疆	37.2	20	58.3	10	17.2	30	39.7	25	38.7	18
重庆	36.7	21	58.2	11	20.8	24	40.1	24	37.8	20
青海	35.1	22	60.7	8	21.6	22	40.6	22	34.2	25
宁夏	34.9	23	62.6	5	22.6	20	34.9	31	33.6	28
吉林	34.2	24	47.9	19	23.0	18	40.5	23	36.8	21

续表

	中国文化发展指数		公共文化服务		文化产业与文化市场		文化发展环境		文化发展影响力	
	得分	排序	得分	排序	得分	排序	得分	排序	得分	排序
广西	34.2	25	43.1	24	20.6	25	42.6	19	33.8	26
河北	33.8	26	42.0	26	19.0	28	48.3	11	44.8	11
云南	33.8	27	51.5	18	21.1	23	41.4	21	35.4	22
黑龙江	33.6	28	46.6	21	19.7	27	36.8	30	34.6	23
海南	32.3	29	54.3	15	16.0	31	36.8	29	33.2	29
贵州	32.3	30	46.3	22	20.4	26	38.8	26	32.4	30
江西	30.4	31	37.4	31	22.8	19	38.3	27	34.3	24

*在本次评价中“公共服务满意度”“文化法制环境满意度”二个三级指标各省市自治区均是直接赋值为满分，一定程度上提高了一级指标和相应二级指标的得分。

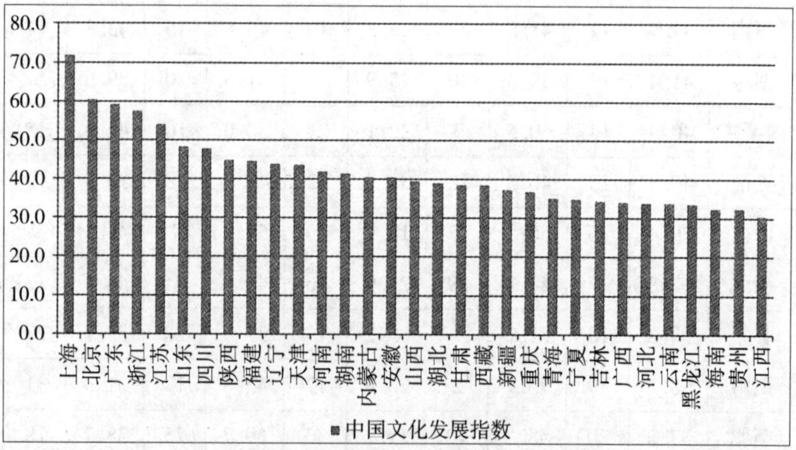

图9　31省市自治区文化发展总排名

位第二的北京相差11.4分。第二个层级依次有北京、广东、浙江、江苏，得分都比较靠近，组内相邻省市间最大差距3.5分。排头的北京与排尾的江苏差6.3分。第三层级依次包括山东、四川、陕西、福建、辽宁、天津、河南、湖南、内蒙古、安徽十省市自治区，得分在40—50之间。排头的山东与第二层级排尾的江苏差5.9分，组内相邻省市自治区间最大差距3分。第四层级依次包括山西、湖北、甘肃、西藏、新疆、重庆、青海、宁夏、吉林、广西、河北、云南、黑龙江、海南、贵州、江西。排头的山西与第三层级排尾的安徽只差0.9分，组内相邻省市自治区间最大差距1.9分。

从地域分布看，东部城市排名较靠前，前10中东部城市占了7个，分列1—6位和第9位。内陆省市只有四川和陕西进了前10，分列7、8位。东北的辽宁位列第10。从行政区划来看，4个直辖市表现差异较大，上海、北京占据前两位，天津处于第三层级、排第11位，重庆则处于第四层级、排第21位。

此外，从各省市自治区经济发展水平来看，本报告在对人均GDP与文化发展进行相关分析后，结果显示出人均GDP与文化发展有较强的相关性（相关系数为0.826）。图10的散点图显示出31个省市自治区的人均GDP排名与其文化发展排名之间呈现同正向的一致发展。即经济相对发达的省市自治区其文化发展也相对较好。

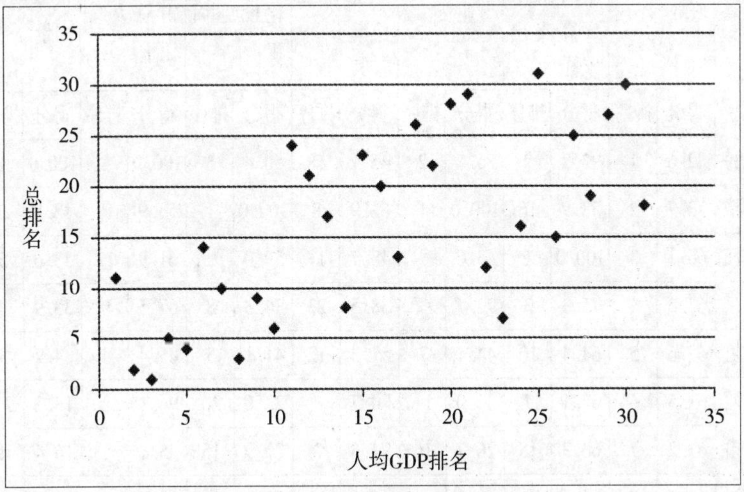

图10　人均GDP排名与总排名散点图

第二节　各省市自治区文化发展四大维度的测量与分析

除了在总分上的排名之外，各个省市自治区在四大维度上的排名也不同，以下是对公共文化服务、文化产业与文化市场、文化发展环境和文化发展影响力的分别排名。

一　公共文化服务

（一）测量结果：上海、西藏、浙江位列前三，湖北、湖南、江西列末尾

排在第一的上海 82.6 分，比排在第二位的西藏高了 8.9 分，比排第三位的浙江高 16.5 分。从第四位开始，得分逐渐降低，但相邻省市自治区间再没有出现与前三名间的大差距。各省市自治区详细得分见表 8。

表 8　　31 省市自治区公共文化服务分数和排名*

	公共文化服务		公共文化事业费占政府财政预算支出比重		人均文化事业费		公共文化事业费增长率		每万人拥有公共文化设施面积		公共文化事业人员占总人口比重		公共图书馆人均藏书量	
	得分	排序	得分	排序	得分	排序	得分	排序	得分	排序	得分	排序	得分	排序
上海	82.6	1	93.2	2	85.7	2	45.7	18	56.4	3	100.0	1	100.0	1
西藏	73.7	2	58.9	16	100.0	1	62.9	8	100.0	1	53.9	18	12.8	25
浙江	66.1	3	100.0	1	43.0	8	48.7	17	59.9	2	61.9	12	33.6	5
北京	63.3	4	75.3	3	72.4	3	38.5	23	34.3	8	67.5	9	33.9	4
宁夏	62.6	5	64.4	10	44.1	7	57.3	12	41.1	5	85.4	4	34.2	3
陕西	61.5	6	67.1	7	32.0	11	80.7	4	23.6	20	96.1	2	13.2	23
甘肃	61.2	7	60.3	15	26.7	16	94.6	2	26.9	15	85.2	5	16.4	15
青海	60.7	8	64.4	9	68.3	4	44.3	21	25.2	16	78.8	6	22.0	9

续表

	公共文化服务		公共文化事业费占政府财政预算支出比重		人均文化事业费		公共文化事业费增长率		每万人拥有公共文化设施面积		公共文化事业人员占总人口比重		公共图书馆人均藏书量	
	得分	排序	得分	排序	得分	排序	得分	排序	得分	排序	得分	排序	得分	排序
内蒙古	60.5	9	67.1	6	47.3	6	53.0	13	33.0	9	86.9	3	19.1	12
新疆	58.3	10	61.6	13	40.5	10	58.3	11	38.5	6	72.3	7	18.4	13
重庆	58.2	11	54.8	20	27.8	13	100.0	1	28.8	13	58.0	15	13.8	21
四川	57.7	12	69.9	5	26.8	15	91.2	3	24.6	18	52.5	19	12.8	26
山西	56.5	13	63.0	12	24.1	19	78.3	5	29.1	12	67.0	10	13.2	22
天津	54.3	14	58.9	17	50.5	5	34.4	24	28.3	14	56.3	16	34.5	2
海南	54.3	15	75.3	4	41.9	9	59.0	10	16.2	30	43.2	27	15.1	19
江苏	54.0	16	56.2	19	27.0	14	59.3	9	42.8	4	50.1	22	26.0	7
广东	54.0	17	67.1	8	26.3	17	63.2	7	34.4	7	45.8	25	19.4	11
云南	51.5	18	53.4	21	23.2	20	75.1	6	22.4	22	50.0	23	13.2	24
吉林	47.9	19	64.4	11	30.9	12	18.7	27	20.1	26	65.2	11	19.7	10
福建	47.2	20	61.6	14	24.3	18	27.5	26	32.1	10	44.6	26	23.0	8
黑龙江	46.6	21	49.3	22	20.4	22	44.0	22	20.5	25	59.4	14	14.8	20
贵州	46.3	22	41.1	27	18.9	24	52.9	14	21.8	23	59.5	13	11.5	28
山东	44.8	23	47.9	23	16.2	26	49.6	16	25.1	17	39.1	31	15.1	18
广西	43.1	24	57.5	18	19.0	23	29.3	25	17.6	27	41.7	30	17.1	14
辽宁	42.9	25	39.7	28	21.1	21	7.3	30	29.9	11	67.9	8	26.6	6
河北	42.0	26	42.5	26	12.2	30	49.7	15	17.2	28	41.9	28	9.5	29
河南	41.8	27	39.7	29	11.5	31	44.5	20	15.3	31	54.3	17	8.2	31
安徽	40.3	28	35.6	31	12.3	29	45.5	19	17.1	29	41.8	29	9.5	30
湖北	40.2	29	46.6	24	18.0	25	14.6	29	22.9	21	47.3	24	16.1	16
湖南	39.3	30	43.8	25	15.1	27	17.1	28	20.6	24	50.1	21	11.8	27
江西	37.4	31	37.0	30	14.3	28	6.1	31	24.3	19	52.5	20	15.5	17

* 表中未列出公共文化服务满意度的排名和分值。

（二）排名分析：西部城市排名靠前，中部城市排名靠后

从得分来看，根据各省市自治区之间得分差距，可以将31个省市自治区按得分高低分为优秀、好、较好、一般、较差五个层级。表现优秀的是上海，表现好的是西藏，较好的依次有浙江、北京、宁夏、陕西、甘肃、青海、内蒙古，得分都在60分以上。组内相邻省市自治区间最大差距2.8分。排头的浙江与第一层级的上海差16.5分，与第二层级的西藏差7.4分。表现一般的依次包括新疆、重庆、四川、山西、天津、海南、江苏、广东、云南，得分都在50分以上。排头的新疆与第三层级排尾的内蒙古差2.2分，组内相邻省市自治区间最大差距2.5分。表现较差的依次包括吉林、福建、黑龙江、贵州、山东、广西、辽宁、河北、河南、安徽、湖北、湖南、江西，得分在40分以上。排头的吉林与第四层级排尾的云南差了3.6分，组内相邻省市自治区间最大差距1.9分。

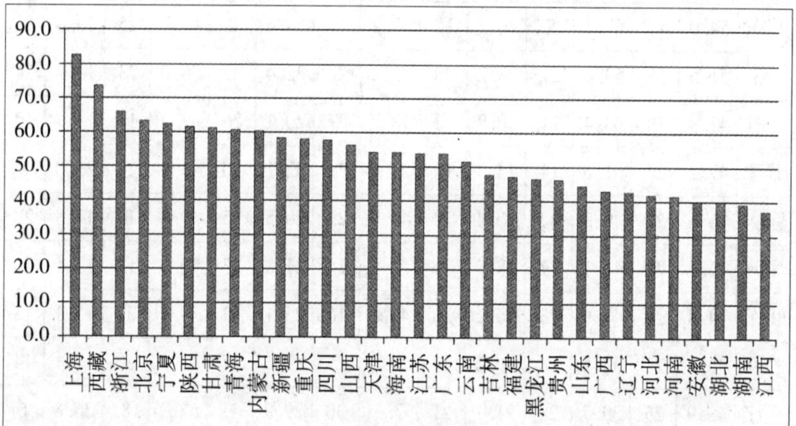

图11　各省市自治区公共文化服务排名

从地域分布看，西部城市排名较靠前，前10名中西部省市自治区占了7个，排名第2和从第5到第10名。从行政区划来看，四个直辖市表现比较好，上海、北京占据第1和第4位，重庆和天津都处于第三层级，分别占据第11位和第14位。

二　文化产业与文化市场

（一）测量结果：上海、北京、广东位列前三，山西、新疆、海南列末尾

排在第一的上海81.1分，比排在第二位的北京高了24.3分，除上海外的其他各相邻省市自治区间得分差距也是比较大的，到最后得分最低的海南只有16.0分，各省市自治区文化产业和文化市场发展是极不平衡的。各省市自治区详细得分见表9。

表9　　31省市自治区文化产业与文化市场分数和排名

	文化产业与文化市场		文化产业增加值		文化产业增加值占GDP比重		国家级文化产业发展园区数量		城镇家庭年人均教育文化娱乐服务消费支出		农村家庭年人均教育文化娱乐服务消费支出		版权合同登记数	
	得分	排序	得分	排序	得分	排序	得分	排序	得分	排序	得分	排序	得分	排序
上海	76.1	1	100.0	1	70.6	2	100.0	1	89.6	2	73.4	3	15.2	3
北京	51.8	2	19.4	19	17.2	29	0.0	2	100.0	1	93.1	2	100.0	1
广东	48.8	3	68.7	3	18.5	27	100.0	1	52.7	4	51.4	9	2.4	17
湖南	45.9	4	42.8	7	34.8	12	100.0	1	41.6	8	54.0	7	3.2	13
江苏	45.8	5	67.6	4	20.9	25	0.0	2	62.1	3	100.0	1	18.4	2
四川	45.4	6	53.7	5	39.9	5	100.0	1	36.8	14	37.7	18	2.5	16
浙江	41.6	7	75.9	2	35.0	11	0.0	2	48.3	5	71.3	4	6.0	5
山东	40.7	8	50.4	6	15.7	30	100.0	1	32.1	20	44.0	14	4.5	6
辽宁	40.1	9	31.4	12	21.9	24	100.0	1	41.8	7	48.1	10	2.7	15
河南	39.3	10	36.6	8	19.9	26	100.0	1	34.3	15	45.5	13	3.9	11
陕西	39.1	11	29.5	13	37.9	6	100.0	1	33.9	16	31.4	24	4.0	10
安徽	38.2	12	33.9	11	35.5	10	100.0	1	21.7	30	34.6	21	4.1	8
甘肃	33.2	13	12.1	27	37.7	7	100.0	1	27.1	27	26.2	27	0.0	27
福建	28.4	14	34.4	10	30.3	17	0.0	2	38.6	12	59.1	6	0.6	23

续表

	文化产业与文化市场		文化产业增加值		文化产业增加值占GDP比重		国家级文化产业发展园区数量		城镇家庭年人均教育文化娱乐服务消费支出		农村家庭年人均教育文化娱乐服务消费支出		版权合同登记数	
	得分	排序	得分	排序	得分	排序	得分	排序	得分	排序	得分	排序	得分	排序
天津	24.9	15	12.3	26	17.3	28	0.0	2	43.7	6	69.7	5	6.4	4
湖北	23.9	16	34.9	9	28.6	19	0.0	2	28.7	24	39.4	17	4.4	7
西藏	23.8	17	4.2	31	100.0	1	0.0	2	14.3	31	6.3	31	0.0	30
吉林	23.0	18	18.4	20	26.9	20	0.0	2	32.6	19	53.8	8	1.7	19
江西	22.8	19	24.4	15	33.8	14	0.0	2	31.6	21	36.2	19	4.1	9
宁夏	22.6	20	6.1	28	48.3	3	0.0	2	33.3	18	41.3	16	0.0	28
内蒙古	22.1	21	20.8	18	22.5	23	0.0	2	39.6	11	46.0	12	0.0	29
青海	21.6	22	4.6	30	45.0	4	0.0	2	40.6	9	34.2	22	0.0	31
云南	21.1	23	21.4	17	36.4	9	0.0	2	38.3	13	23.2	30	1.4	20
重庆	20.8	24	18.4	21	29.7	18	0.0	2	33.9	17	35.2	20	3.2	14
广西	20.6	25	25.1	14	34.3	13	0.0	2	27.9	25	25.4	28	3.6	12
贵州	20.4	26	13.6	24	36.9	8	0.0	2	40.5	10	26.4	26	0.0	26
黑龙江	19.7	27	18.1	22	23.0	22	0.0	2	24.3	28	46.5	11	1.0	22
河北	19.0	28	23.8	16	14.7	31	0.0	2	27.5	26	43.1	15	1.3	21
山西	18.7	29	18.0	23	25.7	21	0.0	2	30.4	22	32.9	23	0.5	24
新疆	17.2	30	12.6	25	31.0	16	0.0	2	30.1	23	24.6	29	0.3	25
海南	16.0	31	5.1	29	32.3	15	0.0	2	21.9	29	29.9	25	2.1	18

（二）排名分析：东部城市排名靠前，经济发达城市排名靠前

从得分来看，根据各省市自治区之间得分差距，可以将31个省市自治区按得分高低分为优秀、一般、较差、很差四个层级。表现优秀的是上海得分76.1分，表现一般的依次有北京、广东、湖南、江苏、四川、浙江、山东、辽宁、河南、陕西、安徽，得分都

在35分以上。组内相邻省市自治区间最大差距3.8分，排头的北京与第一层级的上海差24.3分。表现较差的依次包括甘肃、福建、天津、湖北、西藏、吉林、江西、宁夏、内蒙古、青海、云南、重庆、广西、贵州，得分在20分以上。排头的甘肃与第二层级排尾的安徽差5分，组内相邻省市自治区间最大差距4.8分。表现很差的依次包括黑龙江、河北、山西、新疆、海南，得分都低于20。排头的黑龙江与第三层级排尾的贵州差0.7分，组内相邻省市自治区间最大差距1.5分。

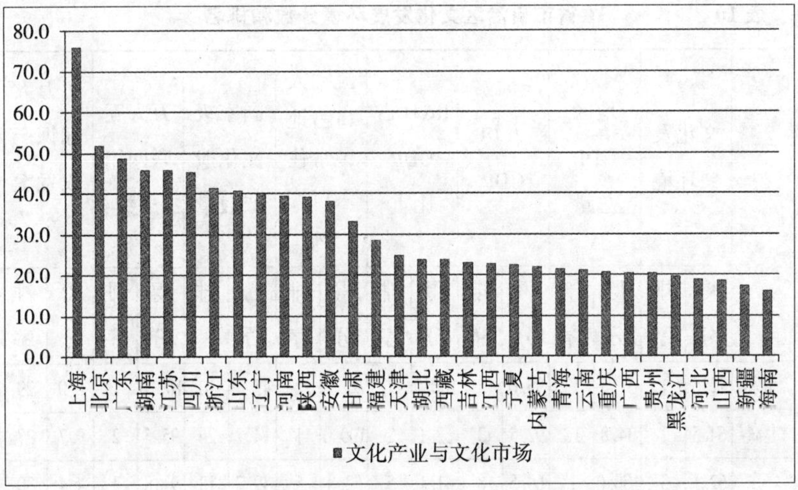

图12　各省市自治区文化产业与文化市场排名

从地域分布看，东部城市排名较靠前，前10名中东部省市占了6个，占据了前3名和第5、7、8名，中部的湖南和河南分别排在第4、10位，西部只有四川进入前10，排在第6位。东北的辽宁排在9位。从行政区划来看，四个直辖市表现差别较大，上海第1，遥遥领先，北京排第2位，天津和重庆都处于第三层级，分别占据第15位和第24位。

此外，从各省市自治区经济发展水平来看，本报告在对人均GDP与文化产业与文化市场进行相关分析后，结果显示出人均GDP与文化发展有较强的相关性（相关系数为0.711）。

三 文化发展环境

（一）测量结果：北京、上海、广东位列前三，海南、黑龙江、宁夏列末尾

排在第一的北京 72.6 分，比排在第二位的上海高了 8.1 分，除第 1 名外，其他 30 个省市自治区排名后相邻省市自治区间得分断层不明显，差距最大的也只有 2.5 分，绝大部分差距在 1 分以内。各省市自治区详细得分见表 10。

表 10　　31 省市自治区文化发展环境分数和排名*

	文化发展环境		地区GDP总量		人均GDP		R&D 占GDP比重		流动人口占地区常住人口比例		国家级文化遗产数量		万人互联网用户数		每万人知识产权发案率	
	得分	排序	得分	排序	得分	排序	得分	排序	得分	排序	得分	排序	得分	排序	得分	排序
北京	72.6	1	31.5	13	95.0	2	100.0	1	92.1	2	45.4	10	100.0	1	6.0	29
上海	64.5	2	34.8	12	92.5	3	62.1	2	100.0	1	14.7	26	95.5	2	9.7	27
广东	62.1	3	100.0	1	60.5	8	41.1	5	52.8	5	39.7	13	91.8	3	4.4	30
浙江	61.7	4	59.2	4	69.4	5	39.3	6	55.7	4	75.0	2	84.8	5	0.0	31
江苏	61.7	5	96.0	2	77.8	4	42.8	4	24.1	7	51.8	7	72.5	8	11.5	24
天津	57.8	6	23.2	17	100.0	1	51.2	3	59.3	3	9.3	30	80.5	6	20.0	17
山西	57.6	7	18.8	24	33.3	24	17.3	20	6.7	18	100.0	1	68.1	9	94.4	2
山东	54.8	8	87.6	3	57.9	10	37.8	7	5.7	19	53.1	6	63.9	13	11.0	26
福建	52.3	9	35.5	11	60.3	9	25.1	13	30.0	6	46.1	9	87.7	4	16.7	20
内蒙古	50.0	10	26.2	15	67.5	6	12.6	25	15.0	11	35.1	15	61.6	16	57.6	4
河北	48.3	11	43.4	6	38.0	18	19.6	17	5.0	21	64.2	4	65.9	12	28.3	14
辽宁	48.2	12	42.2	7	62.0	7	21.1	15	10.5	14	23.5	21	79.4	7	24.5	15
陕西	47.8	13	26.1	16	44.6	14	36.3	8	6.7	17	50.5	8	62.4	15	29.6	13

续表

	文化发展环境		地区GDP总量		人均GDP		R&D占GDP比重		流动人口占地区常住人口比例		国家级文化遗产数量		万人互联网用户数		每万人知识产权发案率	
	得分	排序	得分	排序	得分	排序	得分	排序	得分	排序	得分	排序	得分	排序	得分	排序
湖北	45.9	14	40.4	9	44.8	13	31.6	10	4.5	23	45.4	11	61.0	19	14.0	23
河南	45.8	15	51.5	5	35.2	22	19.6	18	1.6	31	68.6	3	49.7	26	15.9	21
四川	45.3	16	42.1	8	33.4	23	27.8	11	3.6	26	58.0	5	50.1	25	21.9	16
西藏	43.8	17	1.4	31	28.1	28	5.0	31	14.1	13	24.2	20	52.3	23	100.0	1
安徽	42.9	18	30.7	14	32.7	26	32.6	9	3.1	29	31.7	18	49.4	28	34.7	8
广西	42.6	19	23.1	19	31.4	27	10.5	26	4.7	22	21.9	23	52.5	22	70.8	3
湖南	41.5	20	39.9	10	38.3	17	23.8	14	2.8	30	33.5	16	51.7	24	15.7	22
云南	41.4	21	18.9	23	26.3	29	13.3	24	6.9	16	44.3	12	47.1	29	48.6	7
青海	40.6	22	3.4	30	37.7	19	8.0	29	14.5	12	18.8	24	66.9	11	51.5	6
吉林	40.5	23	20.4	22	47.7	11	16.8	22	4.3	25	16.5	25	61.0	18	29.8	11
重庆	40.1	24	21.0	21	45.5	12	26.1	12	8.4	15	12.9	27	61.3	17	18.7	18
新疆	39.7	25	13.7	25	38.6	16	9.3	28	21.1	8	38.4	14	66.9	10	7.7	28
贵州	38.8	26	13.7	26	25.1	30	9.8	27	5.6	20	30.7	19	47.0	30	51.5	5
江西	38.3	27	23.2	18	33.0	25	17.3	21	3.5	27	23.2	22	45.9	31	32.4	9
甘肃	37.5	28	10.1	27	25.1	31	20.3	16	4.3	24	31.7	17	49.6	27	30.6	10
海南	36.8	29	5.2	28	37.0	21	7.7	30	17.4	9	10.6	29	62.9	14	29.6	12
黑龙江	36.8	30	22.2	20	37.3	20	17.5	19	3.4	28	12.1	28	56.3	21	18.3	19
宁夏	34.9	31	4.1	29	39.8	15	14.6	23	15.0	10	8.2	31	60.2	20	11.2	25

*表中未列出三级指标文化法制环境满意度得分和排名

（二）排名分析：东部城市排名靠前，经济发达城市排名靠前

从得分来看，根据各省市自治区之间得分差距，可以将31个省市自治区按得分高低分为优秀、较好、一般、较差四个层级。表

现优秀的是北京，得分 72.6 分，表现较好的依次有上海、广东、浙江、江苏，得分 60 分以上。组内相邻省市自治区间最大差距 2.4 分，排头的上海与第一层级的北京差 8.1 分。表现一般的依次包括天津、山西、山东、福建、内蒙古、河北、辽宁、陕西、湖北、河南、四川，得分在 45 分以上。排头的天津与第二层级排尾的江苏差 3.9 分，组内相邻省市自治区间最大差距 2.8 分。表现较差的依次包括西藏、安徽、广西、湖南、云南、青海、吉林、重庆、新疆、贵州、江西、甘肃、海南、黑龙江、宁夏，得分都在 40 分以上。排头的西藏与第三层级排尾的四川差 1.5 分，组内相邻省市自治区间最大差距 1.9 分。

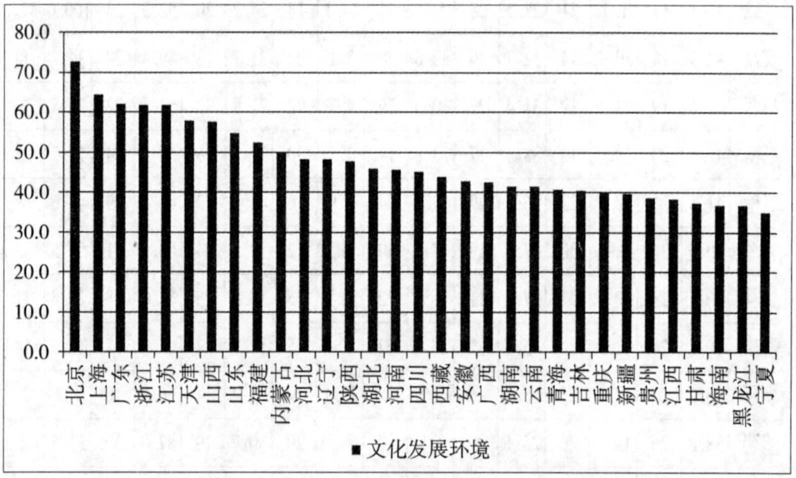

图 13　各省市自治区文化发展环境排名

从地域分布看，东部城市排名较靠前，前 10 名中东部省市占了 8 个，占据了前 6 名，内陆省只有山西和内蒙古挤入了前 10 名，排第 7 和第 10。从行政区划来看，四个直辖市表现差别较大，北京列第 1 位，上海和天津处于第二层级，分列第 2 和第 6 位，重庆排到了第四层级，列 24 位。

此外，从各省市自治区经济发展水平来看，本报告在对人均 GDP 与文化发展环境进行相关分析后，结果显示出人均 GDP 与文化发展有较强的相关性（相关系数为 0.811）。

四　文化发展影响力

（一）测量结果：广东、上海、浙江位列前三，宁夏、青海、西藏列末尾

整体上看，得分都比较低，最高的广东才 71.9 分，得分超过 60 分的只有 3 个省市。各省市自治区在 5 个文化发展影响力三级指标上发展是不均衡的，即使是广东在某些三级指标上与该指标的第 1 名也存在较大差距。如“6 岁以上人口人均受教育年限”得分 78.3 分，排在 9 位，“文化体育娱乐业就业人数占总就业人数比例”更是只有 10.7 分，排到了 30 位，各项三级指标得分差距很大。

从差距来看，得分最高的广东和最低的青海相差 55.1 分，各省市自治区文化发展影响力是极不平衡的（表 11）。

表 11　　31 省市自治区文化发展影响力分数和排名

	文化发展影响力		6 岁以上人口人均受教育年限		省级图书馆藏书流通次数		全国文明城市数量		对外、对港澳台文化交流数量		文化体育娱乐业就业人数占总就业人数比例	
	得分	排序	得分	排序	得分	排序	得分	排序	得分	排序	得分	排序
广东	71.9	1	78.3	9	100.0	1	66.7	2	93.1	2	10.7	30
上海	64.4	2	91.2	2	51.7	4	44.4	7	100.0	1	21.4	14
浙江	63.2	3	76.4	14	71.6	2	55.6	4	87.4	3	13.6	26
江苏	55.1	4	78.9	7	70.9	3	100.0	1	2.5	28	8.5	31
北京	53.9	5	100.0	1	15.0	18	44.4	8	42.1	9	60.1	2
山东	52.2	6	75.8	18	33.4	5	66.7	3	55.3	7	14.8	24
福建	51.8	7	74.2	22	26.8	6	55.6	5	74.2	5	12.9	28
湖北	47.1	8	76.9	12	24.4	10	22.2	16	83.6	4	16.8	22
辽宁	44.3	9	83.6	4	24.7	9	22.2	19	0.0	30	100.0	1

续表

	文化发展影响力		6岁以上人口人均受教育年限		省级图书馆藏书流通次数		全国文明城市数量		对外、对港澳台文化交流数量		文化体育娱乐业就业人数占总就业人数比例	
	得分	排序	得分	排序	得分	排序	得分	排序	得分	排序	得分	排序
四川	44.0	10	70.4	26	24.4	11	33.3	11	66.0	6	14.0	25
河南	40.0	11	75.9	16	25.7	8	55.6	6	11.3	20	19.7	17
安徽	39.9	12	73.6	24	20.2	13	44.4	9	35.2	11	13.3	27
天津	39.2	13	88.6	3	8.9	21	22.2	17	45.9	8	17.4	21
新疆	38.4	14	77.4	10	7.1	26	33.3	12	35.2	10	28.7	6
湖南	37.9	15	76.1	15	20.5	12	44.4	10	19.5	14	17.7	20
黑龙江	34.4	16	78.9	6	11.7	20	33.3	13	13.8	17	24.4	11
内蒙古	32.5	17	75.9	17	8.1	24	33.3	14	13.8	18	21.0	16
广西	32.3	18	73.8	23	26.1	7	11.1	20	23.3	12	21.4	15
陕西	32.2	19	77.1	11	12.1	19	22.2	18	15.1	16	26.9	7
重庆	31.6	20	75.6	19	15.9	14	33.3	15	10.1	21	12.1	29
吉林	27.7	21	79.1	5	7.8	25	11.1	22	8.8	22	24.4	10
山西	27.6	22	78.4	8	8.8	22	11.1	25	3.1	27	31.3	4
河北	27.2	23	74.8	21	15.8	17	11.1	23	5.0	24	23.6	12
海南	26.2	24	76.8	13	3.5	28	0.0	28	19.5	13	24.9	9
贵州	26.1	25	68.3	28	6.9	27	11.1	21	18.2	15	19.0	19
甘肃	25.0	26	70.2	27	8.6	23	11.1	24	3.8	26	25.9	8
江西	23.9	27	74.9	20	15.8	16	0.0	30	7.5	23	14.9	23
云南	23.8	28	65.7	30	15.9	15	0.0	29	13.8	19	19.1	18
宁夏	23.7	29	72.1	25	3.5	29	11.1	26	1.9	29	23.5	13
青海	21.2	30	67.8	29	1.6	30	0.0	31	3.8	25	29.3	5
西藏	16.8	31	35.6	31	0.2	31	11.1	27	0.0	31	38.8	3

（二）排名分析：东部城市排名靠前，经济发达城市排名靠前

从得分来看，根据各省市自治区之间得分差距，可以将 31 个省市自治区按得分高低分为较好、一般、较差、很差四个层级。表现较好的是广东、上海和浙江，得分在 60 分以上。表现一般的依次有江苏、北京、山东、福建、湖北、辽宁、四川，得分在 44 分以上。组内相邻省市间最大差距 4.8 分，排头的江苏与第一层级的浙江差 8.1 分。表现较差的依次包括河南、安徽、天津、新疆、湖南、黑龙江、内蒙古、广西、陕西、重庆，得分在 30 以上，排头的河南与第二层级排尾的四川差 4.0 分，组内相邻省市自治区间最大差距 3.6 分。表现很差的依次包括吉林、山西、河北、海南、贵州、甘肃、江西、云南、宁夏、青海、西藏，得分都低于 30。排头的吉林与第三层级排尾的重庆差 4 分，组内相邻省市自治区间最大差距 4.4 分。

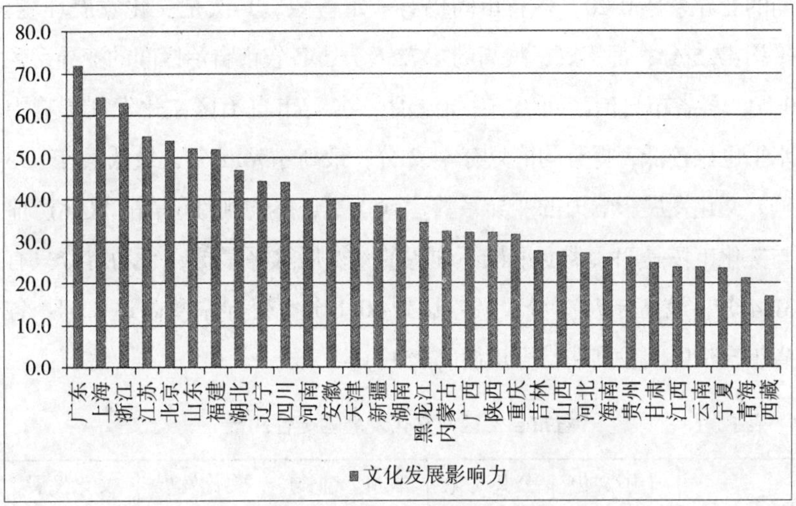

图 14　各省市自治区文化发展影响力排名

从地域分布看，东部城市排名较靠前，前 10 名中东部省市占了 7 个，占据了前 7 名，中部的湖北排在第 8，东北的辽宁排在第 9，西部的四川排在第 10。从行政区划来看，4 个直辖市表现一般，并且差别较大，最好的上海为 64.4 分，排在第 2 位；北京 53.9 分，排在第 5 位；而天津只有 39.2 分，排在了第 13 位；重庆更是

只有31.6分，排在了第20位。

此外，从各省市自治区经济发展水平来看，本报告在对人均GDP与文化发展进行相关分析后，结果显示出人均GDP与文化发展有较强的相关性（相关系数为0.676）。

第三节　省市自治区间文化发展均衡性测量与分析

总体上，各省市自治区文化发展水平是比较低的，平均值42.0，整体上不及格。最高的才71.7分，最低仅30.4分，极差达到了41.3分，变异系数达到0.23，各省市自治区间整体上是比较不均衡的。

从四大维度上看，相对来说公共文化服务比较好，得分均值都接近53.3分，最高者超过80分，但最低的也不到40分，各省市自治区间的变异系数0.20，各省市间仍有一定差距。其次是文化发展环境，平均47.5分，都不好，最高的才72.6分，各省市自治区间的变异系数0.20，各省市自治区间仍有一定差距。各省市自治区文化发展影响力水平也比较低，得分均值只有44.2分，最高才74.1分，最低只有31.3分。文化发展影响力的变异系数达到0.27，不均衡性较高。文化产业与文化市场是四大维度中最不理想的，发展水平最低，平均得分只有31.4分，最高分76.1分，极差达到60.1分，变异系数高达0.44，各省市自治区间发展非常不均衡（表12）。

表12　　省市自治区间文化发展均衡性测量

	中国文化发展	公共文化服务	文化产业与文化市场	文化发展环境	文化发展影响力
最大值	71.7	82.6	76.1	72.6	74.1
最小值	30.4	37.4	16.0	34.9	31.3
极差	41.3	45.2	60.1	37.7	42.8
得分均值	42.0	53.3	31.4	47.5	44.2
变异系数	0.23	0.20	0.44	0.20	0.27

第四节 各省市自治区文化发展四大维度均衡状况测量与分析

一 综合分析

根据表1，我们建立了各省市自治区文化发展分维度排名散点图，如图15。并对各维度间排名的关系进行了测量。从散点图上看，公共文化服务排名与其他三个维度的排名间没有明显的线性相关关系，排名一致性不高，这从各自的相关系数也得到证明。而文化发展环境排名同文化产业与市场、文化发展影响力排名之间、文化产业与文化市场排名同文化影响力排名之间都具有显著的强正相关关系，其相关系数分别为0.605、0.905、0.610。这几个排名两两间有较强的一致性。

二 分省市自治区分析

以下根据总排名依次对各省市自治区文化发展四大维度均衡状况进行分析。

（一）上海

上海市文化发展均衡性较好，三个维度得分在70分以上，都排第1位，最差的文化发展影响力得分也有63.3分，排在第3位。

（二）北京

北京市文化发展均衡性较好，文化发展环境得分72.6，排在第1位，其公共文化服务相对较弱，只有63.3分，排在第4位。

（三）广东

广东文化发展均衡性较差，有四项指标位列前茅，但公共文化服务只得了54.0分，排到第17位，与其总排位差距较大。

（四）浙江

浙江文化发展均衡性较好，文化发展影响力表现突出，排在第1位，但文化产业与文化市场不太理想，排在第7位，相对较弱。

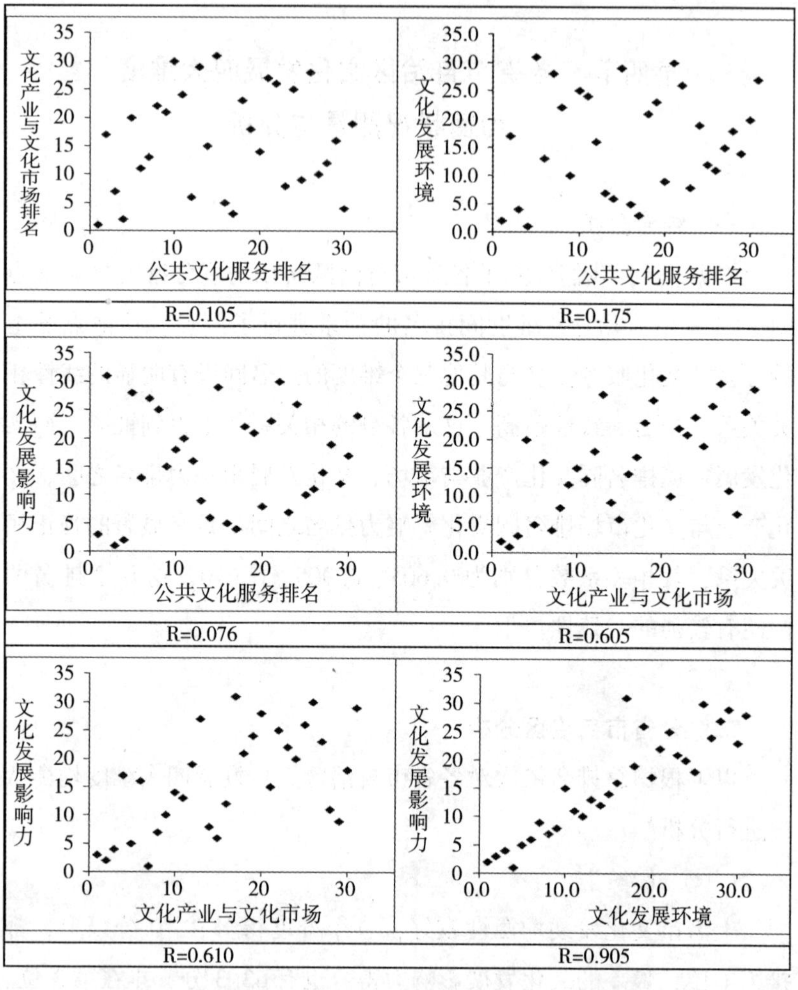

图 15　各省市自治区文化发展分维度排名散点图

（五）江苏

江苏省文化发展均衡性较差，有三个指标排在第 5 位，而公共文化服务只有 54.0 分，排到了第 16 位，与其总体排位差距较大。

（六）山东

山东省文化发展均衡性较差，有三个指标排位靠前，公共文化服务相对其综合排位显得很差，排到了第 23 位。从得分上看，文化产业和文化市场发展不足。

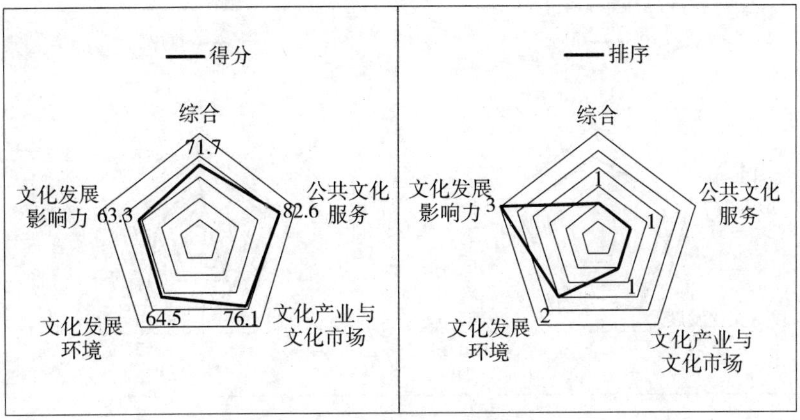

图 16　上海市文化发展四大维度均衡状况

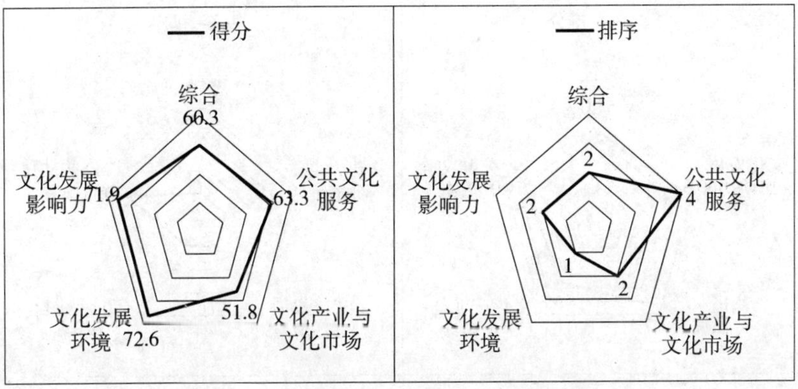

图 17　北京市文化发展四大维度均衡状况

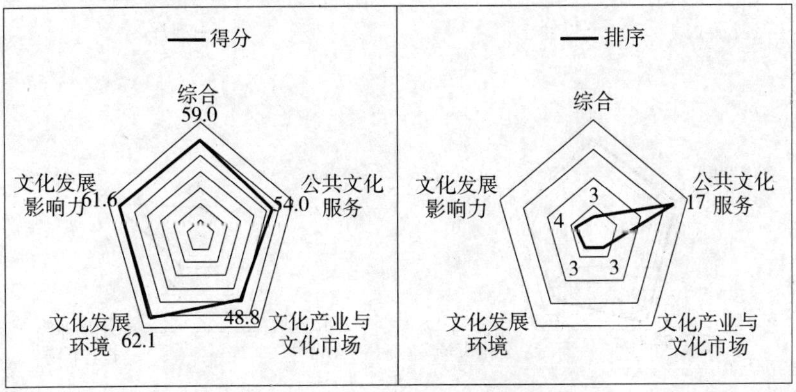

图 18　广东省文化发展四大维度均衡状况

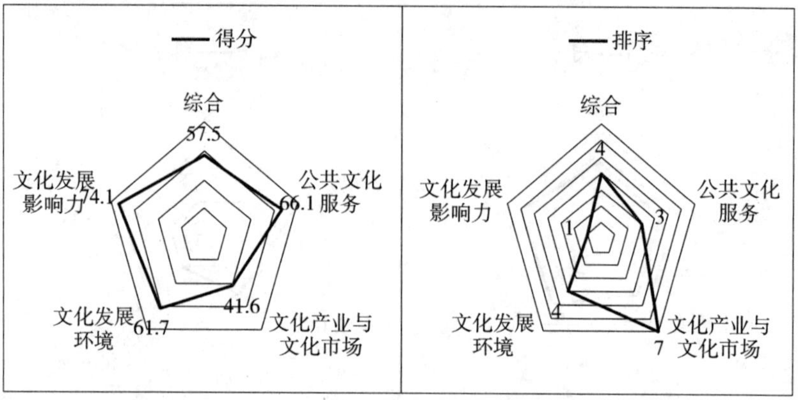

图 19　浙江省文化发展四大维度均衡状况

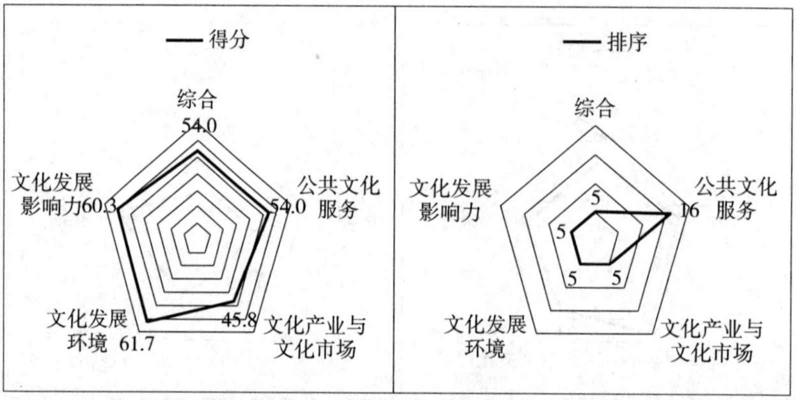

图 20　江苏省文化发展四大维度均衡状况

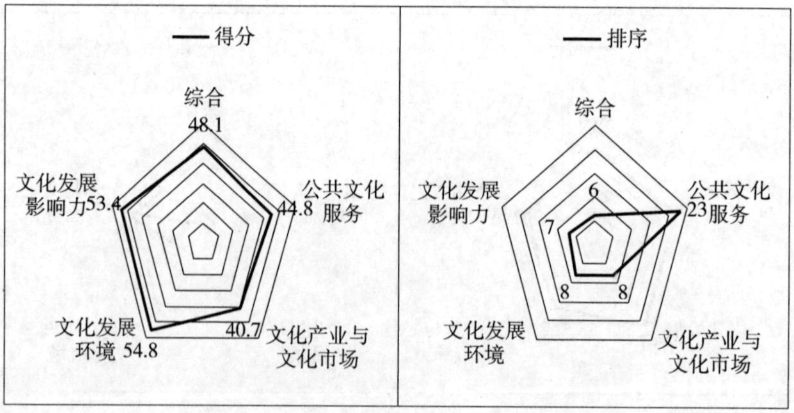

图 21　山东省文化发展四大维度均衡状况

（七）四川

四川省文化发展均衡性很差，文化发展影响力和文化发展环境相对其综合排位显得较差，排到了第16位。文化产业和文化市场相对其排位有相对优势。

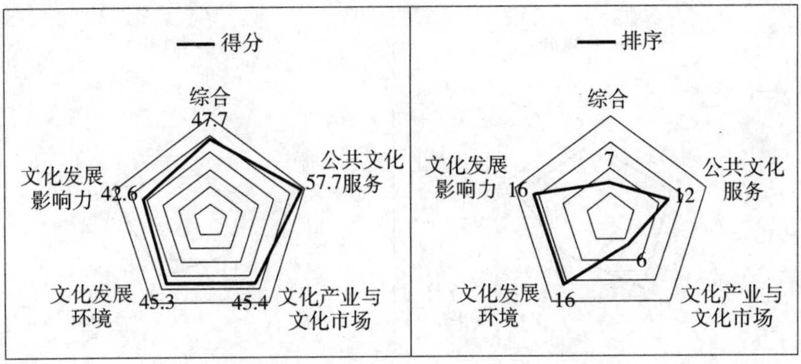

图22　四川省文化发展四大维度均衡状况

（八）陕西

陕西省文化发展均衡性较好，公共文化服务是其亮点，从得分上看，文化产业和文化市场发展都略有不足，从得分和排位上看，文化发展影响力和文化发展环境也略有不足。

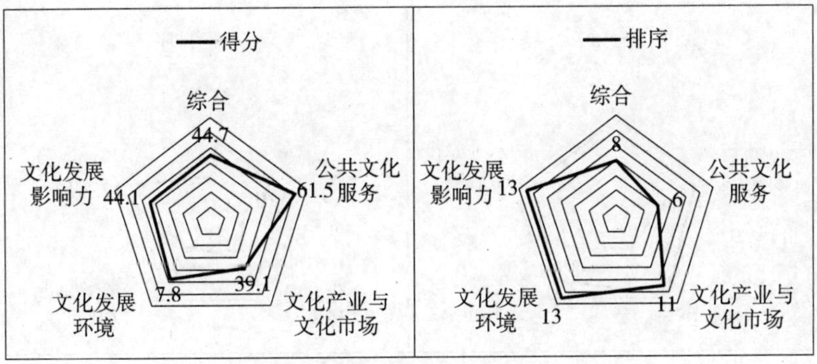

图23　陕西省文化发展四大维度均衡状况

（九）福建

福建省文化发展均衡性较差，文化发展影响力是其亮点。公共文化服务相对其综合排位显得很差，排到了第20位。从得分上看，文化产业和文化市场发展不足。

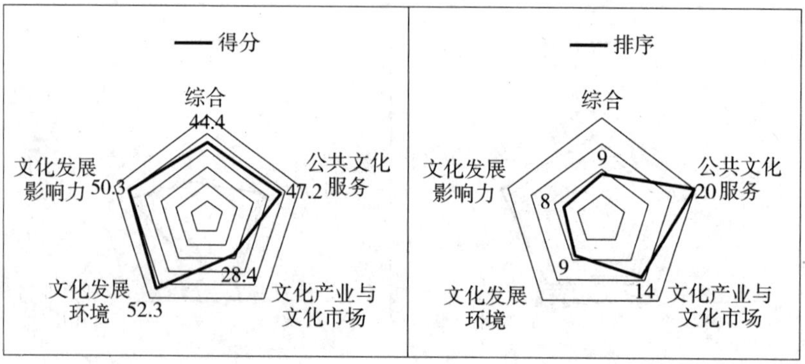

图24　福建省文化发展四大维度均衡状况

（十）辽宁

辽宁省文化发展均衡性较差，从排位上看，文化产业与文化市场是其亮点，从得分和排位上看，公共文化服务相对其综合排位显得很差，排到了第25位。

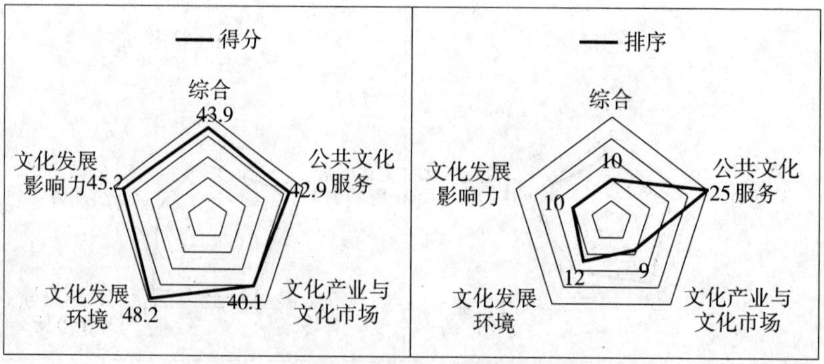

图25　辽宁省文化发展四大维度均衡状况

（十一）天津

天津市文化发展均衡性一般，从排位上看，文化发展影响力和文化发展环境表现突出，从得分上看，文化产业和文化市场发展明显不足。从排位上看，公共文化服务略显不足。

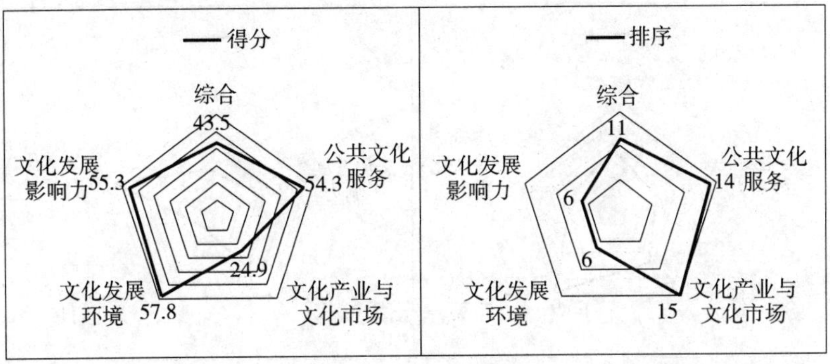

图 26　天津市文化发展四大维度均衡状况

（十二）河南

河南省文化发展均衡性较差，从排位上看，文化产业与文化市场是其亮点，从得分和排位上看，公共文化服务很不足。

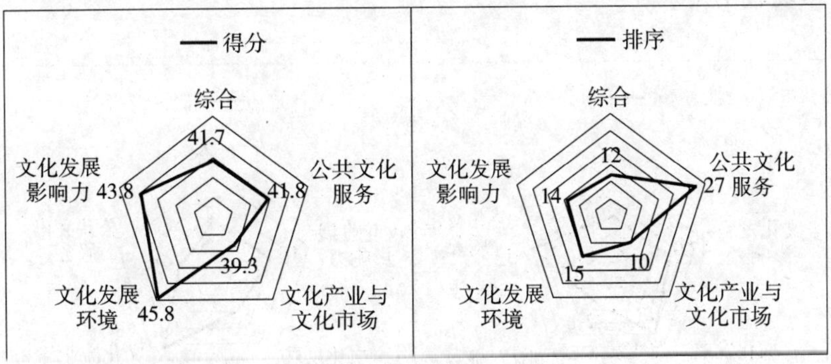

图 27　河南省文化发展四大维度均衡状况

（十三）湖南

湖南省文化发展均衡性很差，从排位上看，文化产业与文化市场表现很突出，排在第4位，从得分和排位上看，文化发展环境相对不足，公共文化服务很不足。

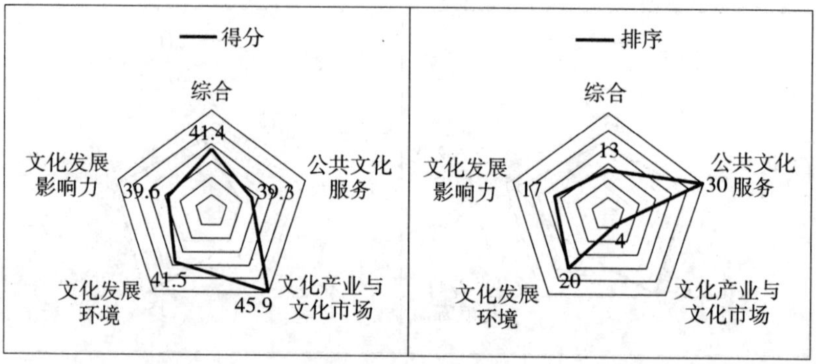

图28　湖南省文化发展四大维度均衡状况

（十四）内蒙古

内蒙古自治区文化发展均衡性一般，从排位上看，文化发展环境和公共文化服务是其亮点，从得分和排位上看，文化产业和文化市场较不足。

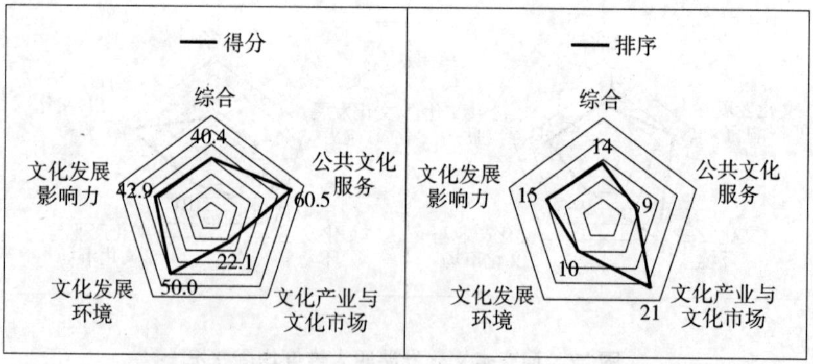

图29　内蒙古自治区文化发展四大维度均衡状况

（十五）安徽

安徽省文化发展均衡性较差，从排位上看，文化产业与文化市场是其亮点，公共文化服务与其综合排位差距较大，排到了第28位。

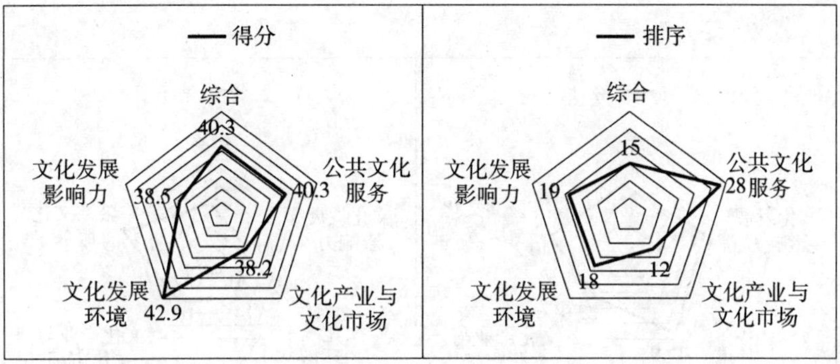

图 30　安徽省文化发展四大维度均衡状况

（十六）山西

山西省文化发展均衡性较差，从排位上看，文化发展环境和文化发展影响力是其亮点，从得分和排位上看，文化产业与文化市场发展非常不足，排到了第 29 位，与其综合排位差距较大。

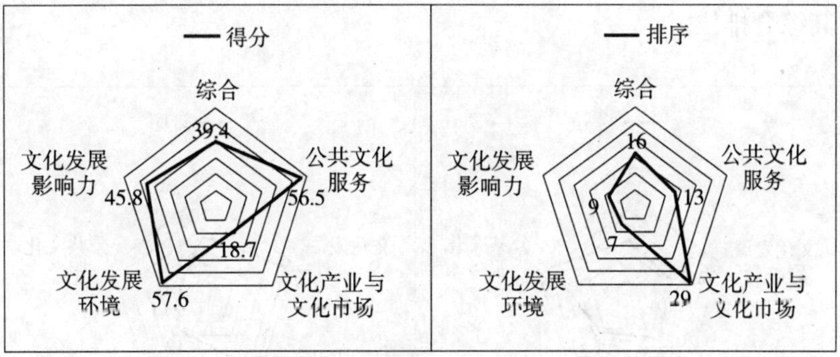

图 31　山西省文化发展四大维度均衡状况

（十七）湖北

湖北省文化发展均衡性一般，从排位上看，文化发展影响力是其亮点，文化发展环境和文化产业与文化市场发展也相对较好。从得分和排位上看，公共文化服务非常不足，与其综合排位差距较大。

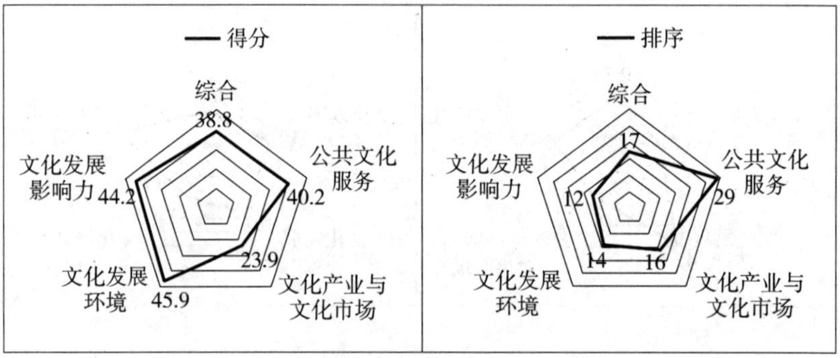

图 32　湖北省文化发展四大维度均衡状况

（十八）甘肃

甘肃省文化发展均衡性很差，从排位上看，公共文化服务得分 61.2 分，排在第 7 位，远高于其综合排位，而文化发展影响力和文化发展环境都比较差，分别排到了第 27 位和第 28 位，又远低于其综合排位。

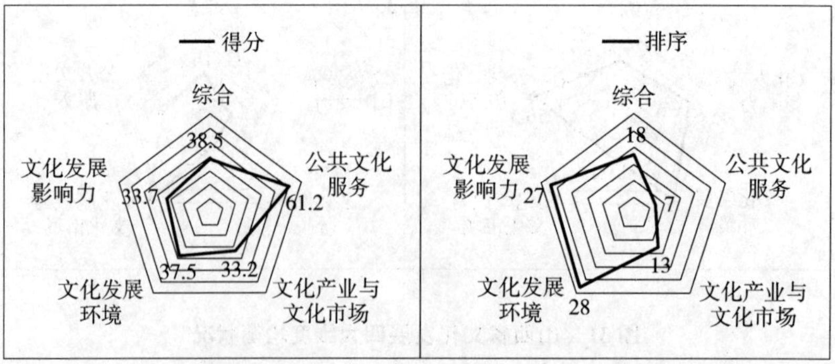

图 33　甘肃省文化发展四大维度均衡状况

（十九）西藏

西藏自治区文化发展均衡性也很差，从得分和排位上看，公共文化服务是其亮点，得分高达 73.7 分，排在全国第 2 位，比其综合排名高了 17 位。文化发展影响力很差，全国最后一名。从得分上看，文化产业与文化市场发展比较差。

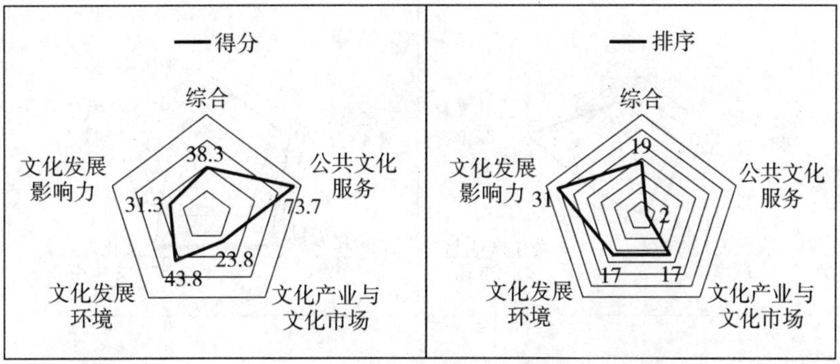

图 34　西藏自治区文化发展四大维度均衡状况

（二十）新疆

新疆维吾尔自治区文化发展均衡性很差，从得分和排位上看，公共文化服务是其亮点，进入了前 10。从得分和排位上看，文化产业与文化市场非常不足，全国倒数第 2 位。

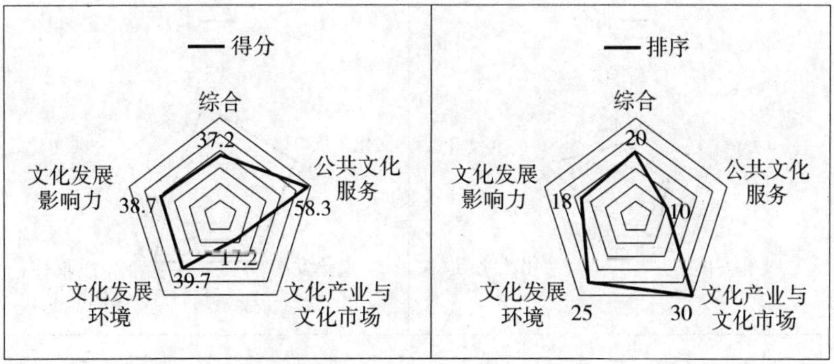

图 35　新疆维吾尔自治区文化发展四大维度均衡状况

（二十一）重庆

重庆市文化发展均衡性一般，从排位上看，公共文化服务是其亮点，从得分和排位上看，文化产业与文化市场发展相对不足。从排位上看，文化发展环境相对不足。

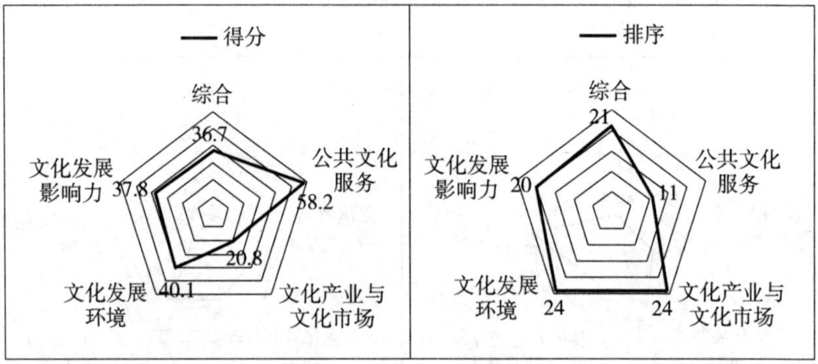

图 36　重庆市文化发展四大维度均衡状况

（二十二）青海

青海省文化发展均衡性较差，从排位上看，公共文化服务是其亮点，全国第 8 位，从得分上看，文化产业与文化市场发展稍显不足。

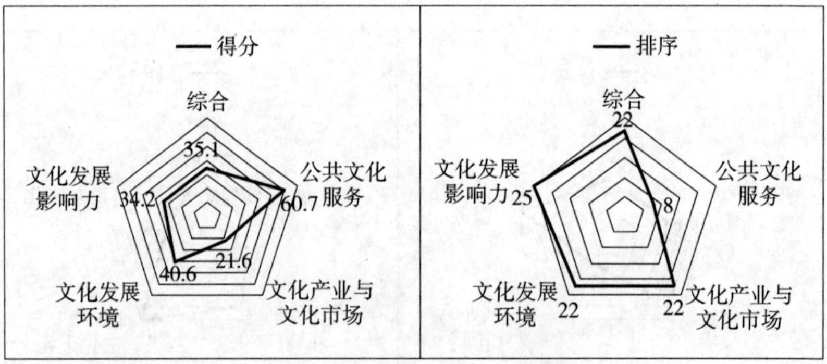

图 37　青海省文化发展四大维度均衡状况

（二十三）宁夏

宁夏回族自治区文化发展均衡性较差，从得分和排位上看，公共文化服务是其亮点，全国第5位。从排位上看，文化发展环境比较不足，全国倒数第1位。

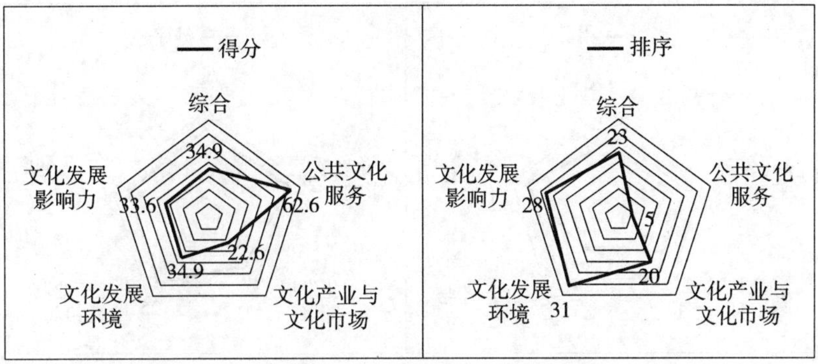

图38　宁夏回族自治区文化发展四大维度均衡状况

（二十四）吉林

吉林省文化发展均衡性较好，从排位上看，四项一级指标的排位都高于其综合排位。从得分上看，文化产业与文化市场略有不足。

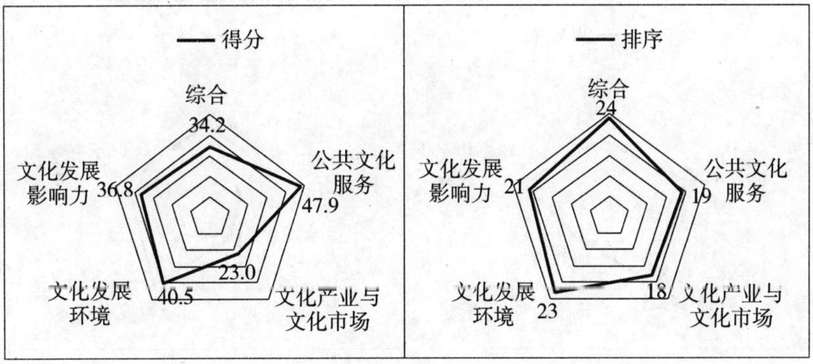

图39　吉林省文化发展四大维度均衡状况

（二十五）广西

广西壮族自治区文化发展均衡性较好，从得分和排位上看，文化发展环境是其亮点。从得分上看，文化产业与文化市场发展略有不足。

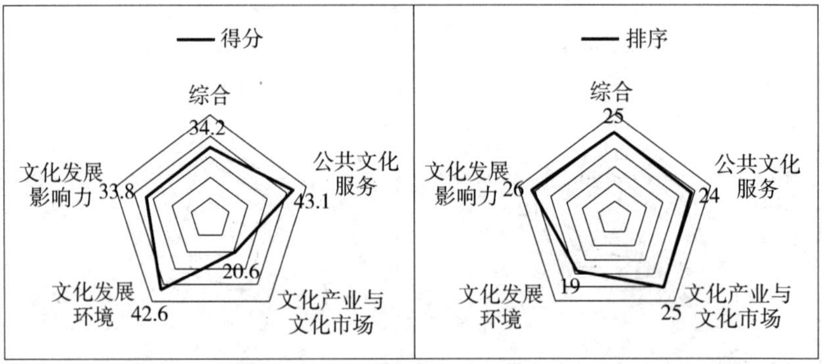

图40　广西壮族自治区文化发展四大维度均衡状况

（二十六）河北

河北省文化发展均衡性很差，从得分和排位上看，文化发展影响力和文化发展环境是其亮点，从排位和得分上看，文化产业与文化市场发展比较差。

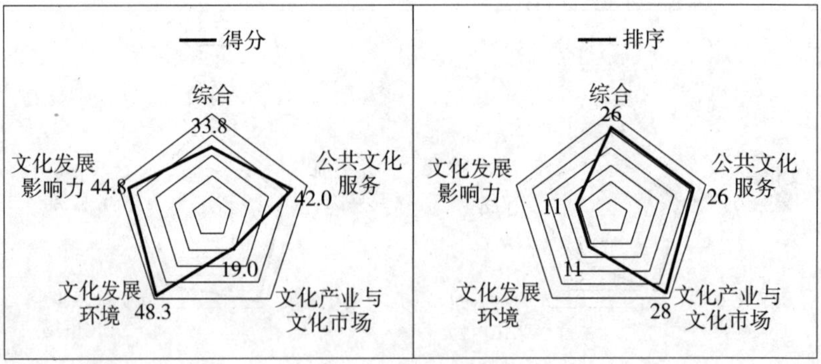

图41　河北省文化发展四大维度均衡状况

（二十七）云南

云南省文化发展均衡性较好，从排位上看，公共文化服务是其亮点，四项一级指标的排位都高于其综合排位。从得分上看，文化产业与文化市场发展略有不足。

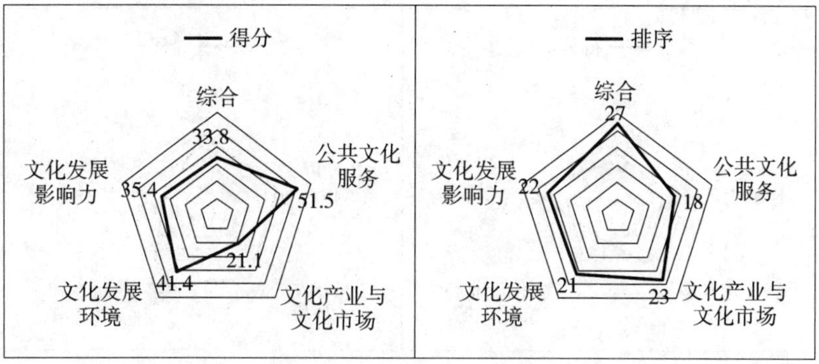

图 42　云南省文化发展四大维度均衡状况

（二十八）黑龙江

黑龙江省文化发展均衡性较好，从得分和排位上看，公共文化服务是其亮点，从得分和排位上看，文化发展环境相对不足。从得分上看，文化产业与文化市场发展很差。

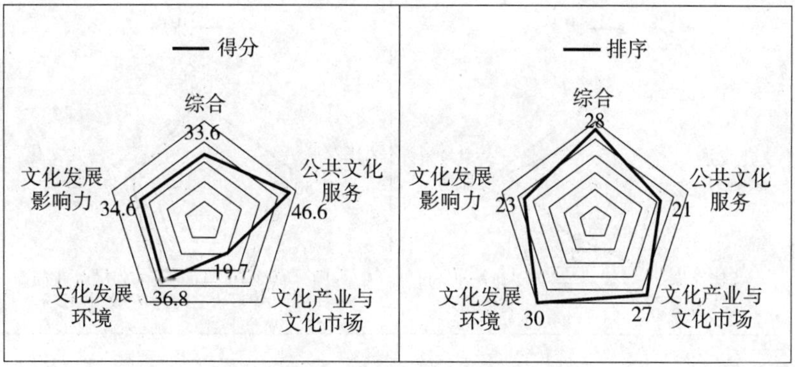

图 43　黑龙江省文化发展四大维度均衡状况

（二十九）海南

海南省文化发展均衡性较差，从排位上看，公共文化服务是其亮点，从得分和排位上看，文化产业与文化市场发展相对不足。

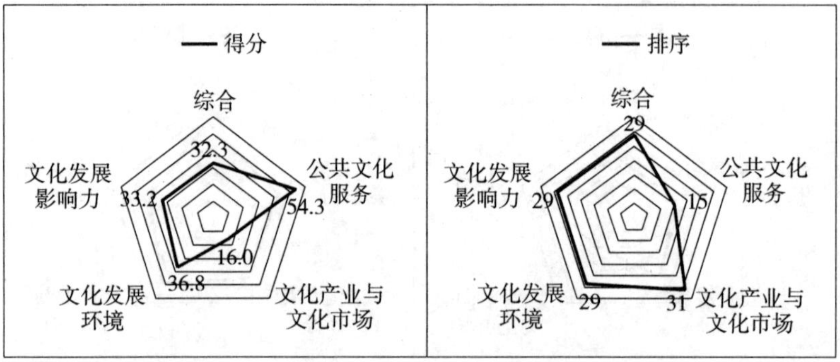

图 44　海南省文化发展四大维度均衡状况

（三十）贵州

贵州省文化发展均衡性一般，从排位上看，公共文化服务是其亮点，从得分和排位上看，文化产业与文化市场、文化发展环境排位也高于其综合排位。

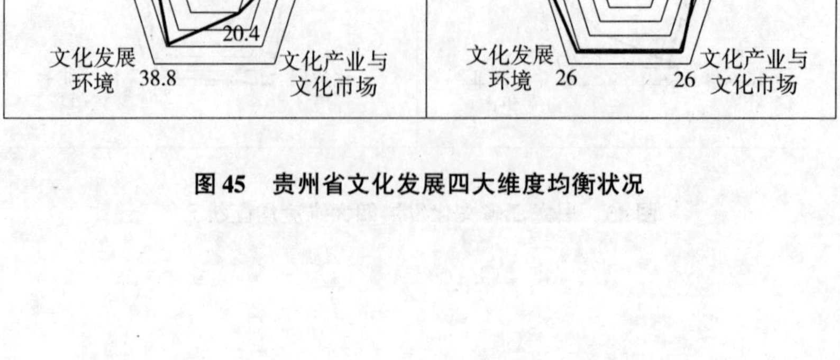

图 45　贵州省文化发展四大维度均衡状况

（三十一）江西

江西省文化发展均衡性较差，从排位上看，文化产业与文化市场是其亮点，文化发展环境和文化发展影响力排位都高于其综合排位，其排在最后一名主要是受公共文化服务得分低影响。

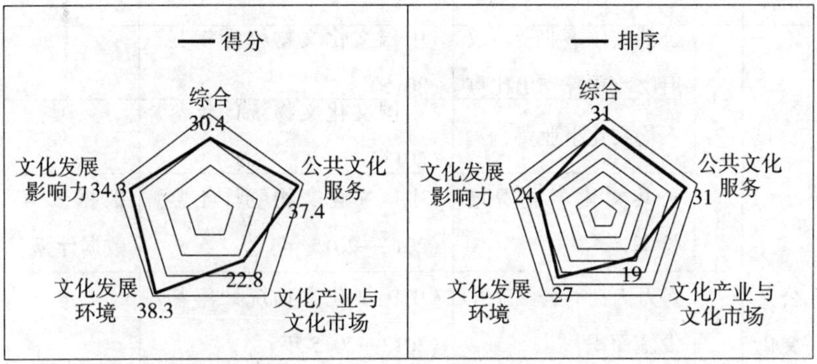

图 46　江西省文化发展四大维度均衡状况

通过全国各省市自治区对构建的文化发展评价指标体系进行实例验证可知，该文化发展评价指标体系各项指标标准值有的采用国家标准或国际标准的标准值，对于没有给出国家标准的，参考了各省市自治区选定的指标值最大值作为标准值；同时文化发展评价指标体系的指标值基本通过《中国统计年鉴》《中国文化文物统计年鉴》《中国社会统计年鉴》《第二次全国经济普查》《中国人口统计年鉴》《中国科技统计年鉴》《中国文化及相关产业统计年鉴》等权威资料中获得，对于个别无法从统计资料中获得的数据也可通过文献、报刊或网络获得，数据具有可获得性；运用综合评价模型对指标数据进行运算，结果基本与各省市自治区发展现状相符，说明我们构建的中国文化发展评价指标体系具有一定的合理性和可行性。

第五节　数据来源

表 13　　中国各省自治区市文化发展评价指数数据来源

一级指标	序号	二级指标	指标来源	备注
公共文化服务	1	公共文化事业费占政府财政预算支出比重	《中国文化文物统计年鉴》(2015)	
	2	人均文化事业费	《中国文化文物统计年鉴》(2015)	
	3	公共文化事业费增长率	《中国文化文物统计年鉴》(2012—2015 年)	根据 3 年数据计算
	4	每万人拥有公共文化设施面积	《中国文化文物统计年鉴》(2012—2015 年)	
	5	公共文化事业人员占总人口比重	《中国文化文物统计年鉴》(2015)	
	6	公共图书馆人均藏书量	《中国文化文物统计年鉴》(2015)	
	7	公共文化服务满意度	通过问卷调查获取数据的主观指标	
文化产业与文化市场	1	文化产业增加值	《中国文化文物统计年鉴》(2012)	
	2	文化产业增加值占 GDP 比重		
	3	国家级文化产业发展园区数量	文化部官网公布资料	
	4	城镇人均文化娱乐消费支出	《中国文化及相关产业统计年鉴》(2015)	
	5	农村人均文化娱乐消费支出	《中国文化及相关产业统计年鉴》(2015)	
	6	版权合同登记数	《中国文化及相关产业统计年鉴》(2015)	

续表

一级指标	序号	二级指标	指标来源	备注
文化发展环境	1	地区 GDP 总量	《中国统计年鉴》（2015）	
	2	人均 GDP	《中国统计年鉴》（2015）	
	3	R&D 占 GDP 比重	《中国科技统计年鉴》（2015）	
	4	流动人口占地区常住人口比例	第六次全国人口普查数据	根据“外省户籍”占本地常住人口数量计算
	5	万人互联网用户数	根据《中国第三产业统计年鉴》（2015）和《中国统计年鉴》（2015）数据计算	
	6	国家级文化遗产数量	文化部网站	包含国家重点文物保护单位和国家级非物质文化遗产
	7	每万人知识产权发案率	国家知识产权局“统计公报”（2015）	根据公报计算
	8	文化法制环境满意度	通过卷调主观指标	
文化影响力	1	6 岁以上人口人均受教育年限	《中国人口统计年鉴》（2015）	根据数据分析计算
	2	省级公共图书馆总流通人次	《中国文化文物统计年鉴》（2015）	
	3	全国文明城市（区）数量	中国文明网 http：//www.wenming. cn/wmcs/grb/cspx/201711/t20171114_4486763. shtml	

续表

一级指标	序号	二级指标	指标来源	备注
文化影响力	4	对外、对港澳台文化交流活动项目	《中国文化文物统计年鉴》（2015）	
	5	文化体育娱乐业就业人数占总就业人数比例	国家统计局“国家数据”网站 http：//data. stats. gov. cn/	

说明：1. 本数据统计以2014年数据为基准，原则上截至2014年底。

2. 由于各省市自治区对“文化产业增加值”统计口径不一致，且2012年后各“统计年鉴”没有再设置这个指标。为了科学比较，该指标沿用了2011年的数据。

3. 统计中所有“国家统计局‘国家数据’网站查询结果 http：//data. stats. gov. cn/”的数据，都指相关数据的2015年公布数字，其显示各地各项数据的2014年统计结果。

第七章　中国文化发展指数研究的未来走向

第一节　“中国文化发展指数”研究择要扫描

文化发展指数，是人类社会发展到一定程度，在经济基础相对坚实后，对自身文化发展水平进行衡量的尝试。在改革开放将近四十年后，中国的经济社会发展已经取得了长足的进步，经济总量牢固占据世界第二位，在世界主要经济体中的经济增速连续多年保持第一。随着经济发展和物质丰富，我国文化建设在一定程度上和某些特定方面取得的重大进展，总体上也有了较大程度的提升，但是，由于幅员辽阔、经济社会发展水平和程度不一、资源禀赋和发展阶段各异，国内各区域之间的文化发展水平还是存在着一定的差距。为了评估国内不同区域之间文化建设能力和文化发展水平，“中国文化发展指数”也就应运而生。

目前看来，较早提出这一概念的是本书的研究团队组。在2011年前后，本书的研究团队组已经提出这一概念并成功申报2012年度国家社科基金项目，2014年已经发表了部分相关研究成果①。近年来，国内政界和学界从不同层面也开始关注这一领域，从不同立场和视角对区域文化发展水平进行了评估，现择要简介其中比较有特点的几项：

---

①　胡攀、张凤琦：《从国内外文化发展指数看中国文化发展指数体系的构建》，《中华文化论坛》2014年第7期；罗锐华：《论文化发展视域中文化环境的要素构成形态》，《中华文化论坛》2014年第7期。

一　上海交大“中国文化发展指数体系”

上海交通大学胡惠林教授主导的“中国文化发展指数研究中心”，由中华文化促进会和上海交通大学于2014年7月共同成立。该中心成立后，对外发布了《2015：中国文化发展指数（CCDI）报告》（以下简称“交大报告”）①。这是国内首次发布文化发展指数，提出了全国、省区市和农村“三位一体”为特征的中国文化发展指数分析框架，其数据主要来源于《中国文化文物统计年鉴》（2007—2014）、《中国统计年鉴》（2007—2014）和政府官方网站。报告旨在借助中国文化发展指数的编制和建立来引导我国文化发展战略目标、路径和政策选择，提高文化发展规划水平，为中央和地方政府制定文化发展规划、文化发展战略提供决策依据。

表14　“交大报告”版中国文化发展指数聚类分析结果前10名的省市②

排名	2013年		2012年		2011年	
	地区	指数值	地区	指数值	地区	指数值
1	江苏	51.87	北京	51.9	江苏	58.29
2	北京	40.97	江苏	42.07	上海	43.16
3	上海	38.85	广东	37.77	浙江	41.35
4	浙江	38.27	上海	37.23	广东	39.48
5	广东	30.97	浙江	36.55	北京	36.84
6	山东	28.57	四川	29.6	山东	31.5
7	湖北	27.74	山东	28.55	辽宁	29.6
8	陕西	22.8	安徽	24	湖北	29.41
9	福建	22.24	河南	21.61	四川	24.95
10	四川	22.04	湖北	21.3	福建	23.77

胡惠林教授认为，“开放型是今天中国发展的主要特征，建立

---

①　参阅2015年10月31日《中国文化报》。

②　资料来源：王婧、胡惠林：《我国文化国情的几个基本特征——基于中国文化发展指数体系（CCDIS）的测评分析》，《华中师范大学学报》（人文社会科学版）2017年第2期。

开放型条件下中国文化发展指数，是要以大数据分析为基础，为我国文化发展提供一个可分析与度量的政策工具。”基于此，CCDIS由中国文化发展综合指数（China Cultural Development Comprehensive Index，CCDCI）、中国省区市文化发展指数（China Provincal Cultural Development Index，CPCDI）和中国农村文化发展指数（China Rural Cultural Development Index，CRCDI）共同构成。CCDCI、CPCDI和CRCDI作为同在CCDIS下的3个三级分类指数，共同测评了文化财政支持、文化基础设施、文化人力资源、社会文化参与、文化保护传承、文化创新能力和文化经济流量7个维度。

对中国文化国情进行定量分析后，CCDIS测评表明：稳健发展、文明转型发展正在建构当前中国文化发展的趋势性特征和制约性特征；在构成中国文化国情的力量结构中，文化创新能力和文化基础设施是推动中国文化发展的正向驱动力量，文化人力资源、社会文化参与和文化保护传承是未来推动中国文化可持续发展的重要力量；政府的文化财政投入仍是支持中国文化发展的主要收入来源，主要文化机构的自身营收能力正在形成；西部地区的“提升发展”与东部地区的“寻优发展”，构成了开放型条件下中国文化发展的新空间结构；农村文化建设“补差式发展”正在深刻影响中国文化发展质量结构，提高和优化农村文化发展的速度与质量结构，成为中国文化发展的新方向。

二　国务院发展研究中心、湖北日报传媒集团的“中国文化发展指数研究报告”

该报告由国务院发展研究中心东方文化与城市发展研究所与湖北日报传媒集团《支点》杂志社于2015年11月在武汉联合发布（简称“国发版”指数），旨在通过为中国文化发展持续提供富有前瞻性、针对性、可操作性的战略预测、政策建议。

该报告从文化资源、公共文化服务、文化产业3大维度出发，7个分项指标和36个具体指标，对全国8大区域、31个省（区、市）的所有地级以上城市进行评价，涵盖 288 个地级以上城市。该研究针对城市文化发展，其指数（City Culture Development Index，CCDI）与目前大多专注于文化产业发展的指数研究报告存在较大差别。基于数据的可获得性，该报告选取了 36 个三级指标（详表 16）。数据来源包括《中国文化及相关产业统计年鉴 2014》《中国文化文物统计年鉴 2014》《中国区域经济统计年鉴》《中国城市统计年鉴 2014》《中国城市建设统计年鉴 2014》《中国劳动统计年鉴 2014》《中国人口和就业统计年鉴 2014》《中国住户调查年鉴》，Wind 资讯中的《宏观经济统计数据库》《产业经济统计数据库》《中国经济普查数据 2004》《中国经济普查数据 2008》等。相应数据在具体计算时为了增加数据的可比较性，进行了无量纲化处理，并采用变异系数法进行赋权。在数据结果分析中，主要采用了标准差空间聚类和空间自相关分析。

"国发版"指数分为中国城市文化发展指数、中国文化产业园区发展指数、中国文化企业发展指数三个大类。中国文化城市 100 强中，排名前三的城市依次为北京、上海、深圳；文化产业园区前三强分别为上海张江文化控股有限公司、中央新闻纪录电影制片厂（动漫）、北京懋隆文化产业创意园；文化企业前三强依次为深圳华侨城股份有限公司、同方股份有限公司、乐视网信息技术（北京）股份有限公司。

该报告指出，城市与区域经济发展水平是城市文化发展水平的重要支撑，区域经济发展水平相对较高的集聚区也容易成为文化发展水平相对较高的集聚区。文化发展指数的空间分布在某种程度上也表现出了东、中、西地带特征以及核心城市和周边城市的"中心—外围"特征。受行政区经济影响，文化发展在空间上也呈现出了"俱乐部集聚"的空间特征，如长三角、珠三角、山东半岛、京津、辽中南城市群等，这种空间特征给区域文化协同带来一定障碍的同时，也给亚文化区域的文化繁荣发展创造了相对适宜的环境。

表 15　“国发版”中国文化发展指数研究指标体系

	一级指标		二级指标	三级指标
文化发展	文化资源	传承资源	文化遗产文物存量	世界文化遗产数量
				国家非物质文化遗产数量、国家级文化生态保护实验区数量
				国家级文物保护单位数量、中国传统村落、国家历史文化名城、名镇
		创新资源	文化品牌文化旅游	旅游景区参观人数
				旅游景区数量
				过境旅游收入
	文化事业	公共文化服务	文化设施	人均文化馆（站）面积
				博物馆藏品数量
				人均拥有公共图书藏书册数
			文艺活动	群众文化机构组织文艺活动次数
				国内演出观众人次
			文化教育	每万人高校学生数量
				高中毛入学率
				小学师生比
			省域服务	文化文物部门所属机构总收入
			宏观环境	人均文化事业费
	文化产业	文化市场	文化就业	文化产业就业人口
				文化从业者人均劳动报酬
			市场潜力	人均文化产业增加值
				文化产业增加值占 GDP 比重
				文化市场资产总额
				文化市场总收入
		文化科技	文化创新	国家级文化产业示范园（试验）区的数量
				国家级文化和科技融合示范基地数量

续表

	一级指标		二级指标	三级指标
文化发展	文化产业	文化科技	文化创新	国家级和省市级科技进步奖中涉及文化创新的奖项数量
			文化投入	研究与开发投入强度
		文化消费	文化消费	人均教育文化娱乐消费支出：教育
				人均教育文化娱乐消费支出：文化娱乐产品
				人均教育文化娱乐消费支出：文化娱乐服务
				文化娱乐用品支出占家庭支出比重
				文化娱乐服务支出占家庭支出比重
		文化政策	文化财政	财政支出中文化事业费所占比重
		省域环境	区位优势	文化及相关产业固定资产投资情况
				文化及相关产业法人单位数
				文化市场经营机构营业收入
				城乡居民人均文教娱乐现金消费支出

三　浙江省的“全省文化发展指数（CDI）报告”

从2011年起，浙江省委宣传部、浙江省统计局会同有关部门，在全国率先开展文化发展指数（CDI）编制工作。“全省文化发展指数（CDI）”每年编制一次，通过对文化资源支撑力、文化价值引领力、公共文化服务力、文化产业竞争力、区域文化创新力和公众评价六大领域内的指标进行测算，形成年度评价报告，客观全面地反映了浙江省文化改革发展的工作实际，也为地方党委、政府推进文化发展繁荣提供了重要决策参考。

2015年11月29日，由浙江省委宣传部、省统计局编制的“2015年文化发展指数（CDI）评价报告及‘十二五’时期综合评价报告”正式发布。数据显示，全省文化发展持续快速增长势头不减，以2014年全省文化发展指数为基准值100计算，2015年浙江省文化发展指数为110.30，提高了10.30个百分点。

2015年，六大领域指数对全省文化发展指数增长的贡献度从高到低依次为：公共文化服务力（51.70%）、区域文化创新力（14.89%）、文化资源支撑力（10.90%）、文化产业竞争力（9.32%）、文化价值引领力（8.78%）和公众评价（4.42%）。其中，公共文化服务力领域指数增幅从2014年的22.82%跃升到2015年的33.28%，反映出近年来全省在公共文化事业特别是基层公共文化服务体系建设方面的积极努力和显著成效。另外，超七成的文化发展评价指标稳步上升，其中，增幅最高的前三项指标为："农村应急广播覆盖率""每万人拥有注册志愿者"和"农村文化礼堂建成率"。

经测算，2015年浙江省11个设区市的文化发展指数分别为：杭州市143.63，宁波市110.85，温州市97.13，嘉兴市118.02，湖州市121.77，绍兴市108.69，金华市106.58，衢州市98.97，舟山市104.27，台州市90.30，丽水市115.89。全省各地的文化发展指数继续保持提升，且地区间不均衡现象明显改善。调查显示，2015年，社会公众对社会道德环境的满意度为71.47分，比2014年提高1.88分；对社会文化生活的满意度为75.64分，比2014年提高1.38分。虽然从数据上看增幅不大，但满意度的提升更显"含金量"，反映出社会公众对浙江省文化改革发展的积极肯定和对文化生活品质提升的广泛认可。

同时，浙江省还公布了"十二五"期间全省文化发展指数总体评价。数据显示，2011年到2015年，浙江全省文化发展呈现持续增长的良好势头。从近几年的增长态势中，可以明显感受到"服务"和"创新"已成为全省文化发展的重要驱动力，传统的资源依赖型发展模式正被创新驱动型模式所取代，全省文化发展的内生动力更为充沛。5年中，地区文化发展差距依然存在，但趋向缩小。全省11个设区市文化发展总指数全部实现了正增长。"十二五”期间，公众对浙江省文化发展满意度稳步趋升。数据显示，2011 年公众评价指数值与 2010 年持平，2014 年增速接近 9%，2012 年、2013 年、2015 年增速都在 4% 以内，社会公众文化生活品质在不断提升。

四　湖北省的《中国文化发展报告》之“中国文化发展指数”

近年来，以湖北大学为主的一批学者，以湖北文化建设研究院、中华文化发展湖北省协同创新中心、湖北大学高等人文研究院为平台，开始发布关于中国文化发展的情况汇编，其旨在对中国文化发展的各个层面进行技术分析和聚类统计，进而得出相应的评价结果。[①] 其中，湖北大学卿菁副教授主持的《中国文化发展指数发布与评价报告》（以下简称“《湖北报告》”）是该套系列报告中非常重要的组成部分。几年来，《湖北报告》连续发布了对中国文化发展现状水平的评价，是众多报告中着力关注省级层面文化综合实力、且能够持续跟进的指数。[②]

该指数旨在准确衡量地区文化发展的水平，为掌握地区乃至全国文化发展状况提供客观依据。本报告文化投入、文化生产、文化供给和文化传播 4 个一级指标，进而分解出 36 个二级指标，[③] 并根据由此构建的评价指标体系，对全国 31 个省区市的文化发展状况进行实证分析，得出中国文化发展指数及以上各省区市的指数排

---

① 江畅、孙伟平、戴茂堂主编：《中国文化发展报告（2014）》，社会科学文献出版社 2015 年版；江畅、孙伟平、戴茂堂主编：《中国文化发展报告（2015）》，社会科学文献出版社 2016 年版。

② 卿菁：《中国文化发展指数发布与评价报告（2015）》，见江畅、孙伟平、戴茂堂主编《中国文化发展报告（2015）》，社会科学文献出版社 2016 年版；《中国文化发展指数发布与评价报告（2016）》，见湖北文化建设研究院、中华文化发展湖北省协同创新中心、湖北大学高等人文研究院编《中国文化发展报告（2016）》，社会科学文献出版社 2017 年版。

③ 在《中国文化发展指数发布与评价报告（2016）》中，作者对该指标体系作了微调，以文化投入、文化生产、文化供给、文化传播和文化消费 5 个方面作为一级指标，进而分解出 43 个二级指标。

名，以期对各地区文化发展水平作出准确评价。

表16　“湖北报告”版中国文化发展指数指标体系

一级指标	二级指标
文化投入（A）	文化事业费占财政投入比重 A1
	人均文化事业费 A2
	公共图书馆财政拨款 A3
	群众文化机构财政拨款 A4
	文物科研机构财政拨款 A5
	文化及相关产业法人单位数 A6
	年末文化企业从业人数 A7
文化生产（B）	博物馆数量 B1
	公共图书馆数量 B2
	少儿图书馆数量 B3
	文化馆数量 B4
	群众文化机构数 B5
	艺术表演团体机构数 B6
	文化制造业营业总收入 B7
	文化批发与零售业总收入 B8
	文化服务业总收入 B9
	出版社发行机构数 B10
文化供给（C）	电视剧播出数 C1
	有线广播电视用户数 C2
	有线电视用户数占家庭总户数比重 C3
	发行图书册数 C4
	发行报纸份数 C5
	发行杂志册数 C6
	博物馆陈列展览数 C7
	公共图书馆人均藏书量 C8
	文物藏品数 C9

续表

一级指标	二级指标
文化供给（C）	全国重点文物保护单位保护维修项目数 C10
	群众文化机构文艺活动场次 C11
	艺术表演团体演出场次 C12
	艺术表演场馆演出场次 C13
文化传播（D）	电视节目综合人口覆盖率 D1
	图书馆总流通人次 D2
	艺术表演场馆观众人次 D3
	文物参观人次 D4
	博物馆参观人次 D5
	境外演出次数 D6

该报告对指标体系中的所有指标均为正向指标，可以直接进行指标归一化处理。本研究采用 z-score 标准化法。这种方法基于原始数据的均值（mean）和标准差（standard devivation）进行数据的标准化。将 A 的原始值 x 使用 z-score 标准化到标准分 Z_i，计算公式如下：Z_i =（原始值 - 平均值）/标准差。通过对 2014 年数据的分析，该报告提出，2015 年中国文化发展指数排名依次为：广东省、浙江省、江苏省、上海市、四川省、山东省、北京市、湖北省、河南省、陕西省、福建省、湖南省、河北省、安徽省、天津市、山西省、辽宁省、重庆市、云南省、江西省、广西壮族自治区、甘肃省、黑龙江省、内蒙古自治区、新疆维吾尔自治区、吉林省、宁夏回族自治区、青海省、贵州省、西藏自治区、海南省。

第二节　对中国文化发展指数研究成果的评价

在简要介绍了国内几种常见的“中国文化发展指数”后，我们有必要对“中国文化发展指数”本身进行一定程度的反思。建立一个指标体系，对于评价对象与评价标准的耦合性，是选取指标体系首先要解决的问题。如何使评价结果更接近于事实本身、更合乎舆论和社会大众的认知，也是建立指标体系需要解决的重要问题。中国文化的发展，既有悠久的历史传统积淀，又有现行制度安排，还有未来发展需求引领，是一个综合性强、涵盖面广的多门类、多科目、多类型的评测需求主体。建立文化发展指数测评体系的出发点和落脚点，是为当前和今后一个时期经济社会发展特别是人类文化的发展，提供可资借鉴的参考依据，但前提是，这一指标体系的评测是有效度、有信度且较为便捷的。如果舍弃了这一前提，建立指数体系就成了无源之水、无本之木。基于此，审视当前各种文化指数体系，我们可以看到其中的一些成绩与不足。

一　建立“中国文化发展指数”评价体系的成绩

连同本书在内，国内至少已经出现了五种关于地区文化发展评价的指标体系，这些评价体系虽然立足点不同，指标选取各异，但都在不同维度展示了中国文化建设的现实水平，也量化了长期以来被认为难以具象化评价的“文化”这一抽象概念。总体看来，这些评价体系大致有以下一些值得肯定的地方：

（一）建立了完整的评价逻辑体系

当前所见的各个指标体系，都在设立指标之前，就“中国文化发展”本身作了相当认真的学理分析和逻辑梳理，希冀从“什么是中国文化”“如何理解中国当代文化建设”“怎样把握中国文化发展趋势”等命题出发，在“五位一体”的格局中，揭示当前文化建设的起源、动力、张力和表现形态。这一思路大体在各指数体系中都是相似的。

但具体到各个指数，由于对中国文化发展的组成和文化发展趋势的理解各异，各家测评的逻辑起点并不一致。“交大报告”的认识，是把“中国文化发展”置于国家经济社会发展的总体格局中，审视国家层面在文化投入、文化资源、文化发展环境、文化机构作用发挥等方面的作为，及引发的地方和社会的回应，来探究中国文化外在显现的基本水平和发挥的效能，并以此为依据进一步探析中国区域之间（主要是东西部之间）和城乡之间（主要是农村文化发展的短板）的文化现状差异，并针对这些差异提出了政府倾斜、扶持和改进的政策建议。“国发版”指数，从“文化资源、文化事业、文化产业是衡量文化发展的三个维度”出发，“其中文化资源是文化发展的基础性影响因素，文化事业在某种程度上指代文化公共服务，文化产业是文化经济的直接表现，也是一个城市文化资源整合能力和文化服务提供能力的外在体现，而文化发展指数则是文化资源、文化服务和文化经济的综合显示。”在这种理解的基础上，国发版报告更重视以城市为独立评价单元的做法，更进一步在聚类分析的基础上计算出中国较为集中的文化城市群落（或者也可以叫“城市文化聚落”“城市文化带”），这种打破行政区域划分的指标体系和结论，比单一的以政区为基准的指标体系有更多的参考价值。浙江 CDI 指数是一项目标指向非常明确的指标体系，其目的就是评价浙江各地市的文化发展水平，一作考核指标，二作政策调整依据。从这个意义上看，浙江 CDI 指标是国内第一个直接影响到政策措施和地方政府政绩考核的指数，具有很强的开创性和可操作性，但是，CDI 关注于各省辖市的文化指数，更适合于作为政府宏观考核的参考，不适于从经济、社会、政策等更宏观层面对文化发展的整体情况作出判断。“湖北报告”“是对当前文化发展总体格局进行全面、系统和科学的评价，了解当前文化发展的现状，为文化体制的改革和发展提供有益的思路和方向，以完善公共文化服务体系，繁荣文化市场和文化产业的发展，丰富人民群众的精神文化生活”，它的指标体系基本植根于现行文化系统的各项年鉴数据，基于“小文化”传统所提出的、归入文化部门建设发展的内容，直接反映了当前我国各省区市以宣传文化系统为主的单位，进行文化建设的成绩和问题。

在建立“中国文化发展指数”的过程中，各研究团队努力从理论破题、厘清概念到设计当前中国文化发展的各个主要方面都进行了研究。对概念的解析，是理论破题的先行条件，也是进行研究的基础工作，几乎所有的研究团队都对这一概念作了或详或略的解释，但不可否认的是，这些解释均没有取得广泛的共识。由于对基本概念的理解各异，各研究者进而在指标选择、数据建模、聚类分析等方面的尝试，差别较大，所以最终的评价结果的不一致也就理所当然了。应当说，构建基于“软实力”内涵的“文化发展指数”，本身就是一项具有相当难度的开创性工作。长期以来，关于“文化”能不能量化、该不该量化，在学术界和社会都有相当不一致的看法，有的看法甚至极其对立。建立一套评价文化发展的指标体系，首先即是应答了文化能不能量化的问题。在这一过程中，研究者充分挖掘了“文化”的内涵和外延，梳理了文化发展的内核特质和外在指征，先是建构中国文化——回答“中国文化发展”的概念、组成要素和其内在的逻辑关联，厘清当前量化“中国文化”的逻辑前提；然后解构中国文化——分析“中国文化”的价值显现和功能发挥，来构建一个足以反映中国当代文化发展水平的指标体系。

（二）选取了具有重要提示价值的指标，寻找了丰富的数据来源

一套科学的指标体系，其构成是否合理、有效且有说服力，关键在于其选取的指标是否合理。从目前的几套指标体系看，作者基本都对影响文化发展的方方面面予以了充分的考量，选取了各方面有代表性的指标，有针对性的体现了文化发展的面貌。

交大版报告由文化财政支持、文化基础设施、文化人力资源、社会文化参与、文化保护传承、文化创新能力和文化经济流量七个方面的指标组成，由中国文化发展综合指数（CCDCI）、中国省区市文化发展指数（CPCDI）和中国农村文化发展指数（CRCDI）共同构成。CCDCI、CPCDI 和 CRCDI 作为同在 CCDIS 下的 3 个三级分类指数，但具体的指标未详。这 7 个指标，比较准确的涵盖了本

世纪初以来中国文化领域建设成就，也较为精准地指出了中国文化发展在城乡之间、区域之间的差距，以及基于这些差距所需要反思的政策引导。虽然作者并未公布详细的资料来源和原始数据，但从其评价结果看，这些指数必然是选取了上百项基础数据，通过建模后，加权赋值，反复计算方得出的结果。国发版报告由文化资源、公共文化服务、文化产业3个一级指标，12个二级指标和36个具体指标组成，这些指标大多也是来源于政府的统计公报和相关年鉴。浙江CDI指数由文化资源支撑力、文化价值引领力、公共文化服务力、文化产业竞争力、区域文化创新力和公众评价6个一级指标构成，值得重视的是它引入了主观指标，增加了评价体系的维度和信度。湖北版报告由4—5个一级指标，36—43个二级指标构成，其指标基本来自于权威的文化统计年鉴（主要是《中国文化文物统计年鉴》和《中国文化及相关产业统计年鉴》），指标有较强的信度，避免了以往各省市在文化领域发布中由于统计标准不一导致的“各说各话”。

从数据来源方面，各指标体系也通过努力，尽可能地完善了指标数据来源，主要采用了《中国文化文物统计年鉴》《中国统计年鉴》《中国文化及相关产业统计年鉴》《中国区域经济统计年鉴》《中国城市统计年鉴》《中国城市建设统计年鉴》《中国劳动统计年鉴》《中国人口和就业统计年鉴》《中国住户调查年鉴》，有的指标体系还采用了Wind资讯中的《宏观经济统计数据库》《产业经济统计数据库》《中国经济普查数据2004》《中国经济普查数据2008》以及部分政府官方网站的数据。综上可见，在经过大量指标遴选和数据搜集工作后，各研究团队都完成了从指标的合理性选择到数据的建模处理工作，这对于量化考核传统意义上比较“虚”的文化发展，是具有里程碑意义的事件。尽管这些指标和数据仍有进一步深入研究的空间，但研究者已经解决了从无到有的问题，迈开了万里长征的第一步。

二　当前“中国文化发展指数”评价体系的不足

（一）评价标准的科学性有待加强

一项评价指标是否合理，一是要看其指标体系的设置是否合理，二是要看其评测的指数结果是否跟现实情况较为符合。从系统角度看，中国文化发展指数需要通过解构来实现，而解构的基础是如何认识“中国文化发展”及其背后隐藏的“文化发展”的作用和价值。就已有的评测成果而言，总体上看，评价者对“中国文化发展”的理解仍较为线性，维度不够宽，导致其评测结果的有效度不足。

有的报告把中国文化发展理解为文化产业与文化事业的简单叠加，没有区分显现文化功能、发挥文化价值的核心指标与外围指标，过于强调以政府为主体的文化行政部门在文化发展中的地位和作用，忽视了文化的社会效益和文化自身的属性特征。从指标设计上看，这种评价指数往往将“中国文化发展”由一个综合性的概念分解为若干容易获得的指标，往往将文化发展拆分为由生产、创作、传播、消费等多方面合力构成。其背后隐含的理论基础是将“中国文化”理解为十六大以来，党的历次全国代表大会和政府工作报告中，对“文化”和“社会主义文化强国”所做的阐释和要求，将当前我国文化建设领域归口为文化部门或者宣传文化系统，来设计指标体系。这样做的好处是，有相对完整、可靠的政策保障作为指标体系的理论支撑，有相对明确的指标项目作为指标体系的内容组成，有相对容易获取的数据作为指标体系的评价基础，故有较强的可操作性。但其不足也非常明显。首先，虽然我国的文化建设，建国后长期以来是以文化部门（十六大以后主要是整个宣传文化系统）为责任主体，但文化部门毕竟只是涉及文化建设的其中一部分，其他尚有许多反映“文化”（国际上亦有称之为“文明”）内涵的指标，没有被纳入。例如，在国际诸多相关评价体系中常见的教育及其相关指标，在国内的文化发展指数中，较为少见。实际上，基于人均教育年限、人口学历结构等数据反映的区域人口文明程度，是文化发展中相当重要的内容。同样的例子还存在于卫生健康、体育事业、旅游发展等领域，这些领域都有一些足以反映区域文化发展程度的指标可供选择，亦能更清晰地反映出“文化软实力”的各个侧面。其次，基于行业和部门为主体的“文化发展”的评价，不乏有中国特定的评价烙印，对已有成果的评定，时有“论资排辈”的情况发生。例如，在文化传播或文化影响力的指标设计中，对于文化创作、文艺作品的评价标准，往往出现只论获奖级别、忽视经济效益的情况。诚然，作品的获奖，特别是获得国家级大奖，是对作品创作本身的肯定，也体现出特定区域具备的支撑文学艺术创作的文化氛围，但就“文化影响力”而言，获奖级别并不能完全体现一部作品的价值。特别是现代社会，随着文化产业的高度发展，一些作品“叫好不叫座”的情况时有发生，尽管这类作品获奖级别可能会很高（艺术成就也许很大），但如果没有足够的票房（市场销售额），那么它的传播影响力，必然是相对不够的。或许我们可以从美国版权产业的调查统计方法中获得启示，将版权产业（即我国的“文化产业”）发行率和版权收益作为评价文化产品的重要指标，从而更清晰地反映出文化产业的价值发挥和传播影响。正是由于这种认识的偏差，当前国内若干文化发展指数中，某些指标设计直接影响到指标体系的科学性。故而在进一步完善中国文化发展评价体系时，需要在甄选指标时，更注重指标的代表性和合理性。

有的报告将指标体系的作用界定为绩效评估和政策反馈，但在实际操作中，其指标体系的构成并不能充分地、完整地体现当前各区域文化建设的理论和实践，导致其评价的结果往往不够精细、也不足以反映出各区域真正的文化发展差异，进而难于根据其指标测评结果来精细化、靶向性的制定和完善相应的文化政策。就目前的测评结果看，这类评价结果的不足主要有两个方面。一是过程不透明，论证不充分。有的指标体系在构建过程中着力从理论上剖析文化发展，从文化建设现有的存续内容来阐释区域文化发展水平，进而衡量当前国内主要区域的文化发展差距。在实际操作中，这类指标设计经常呈现出说理性强、操作性弱的问题，即往往呈现出花费较多篇幅来论述“文化”的概念、内涵和组成要素，但对于指标体系的框架和相应指标的涵盖，却没有给予足够的重视。这主要表现为，指标体系中，各部分之间和各部分内部的逻辑关系，没有详尽的说明，不免给读者突兀感，让读者无法了解该指标体系建立的研究者的研究思路，也使得这些指标体系本身的说服力不够；也表现为，在对指标和数据作分析时，常见“就事论事”，缺乏对指标和数据的深入分析，较少的将指标的内涵外延、数据的分析结果与文化建设的特定领域和方面进行深度联系，解释文化发展的成绩与问题。二是评价结果不够客观，政策指导价值不足。评价结果不客观，并不是说研究者没有获取大量的客观资料，与此相反，几乎所有的研究团队在研究中都采信了以数据库、年鉴等第三方权威数据来支撑，但是，得出的结果却迥然各异。之所以“不够客观”，其实更多地反映在评测的结果本身，有的评测结果在账面数据看来不无自相矛盾，有的评测结果则与公众的认知大相径庭。比如，有的指标体系以聚类分析国内省区市的文化发展，排名中第一类只有一名，且与第二类中前两名的差距十分巨大，以至于有的省市在第一、二名间变化时，每年得分的增减幅度超过了 30%，如此大的波动，发生在较短的周期内（紧邻的两三年内），显然是不大可能的。又比如，在有的指标体系评测结果中，个别省区市的排名与公众认知差别巨大，例如有的排名中重庆在 2012 年至 2015 年均远落后于西藏，并且排名在全国倒数，而实际上，重庆是全国第一个全面完成三级公共文化服务网络建设的省级地区，且各级各类文化事业成果、奖项均在西部领先，如此评测结果很难说客观准确。因而，以这样的结果反过来指导文化政策的制定实施，难免给人缘木求鱼之感。这种情况的出现说明一方面我国学者对文化发展的内涵定位还不够明晰，对中国现阶段文化发展本身的理解和解构不太精当，给出的指标代表性不足，导致评价出现偏差；另一方面说明我国文化政策领域内，实践与反馈的联动尚处于开拓阶段，一些从学理上看来合理、有序、有逻辑关联的指标体系设计，在评测结果看来却与一般舆论认知有较大差距，很大程度也是我国在相关研究领域中，学术研究与具体实践存在一定脱节所致。这提示研究者在今后的研究设计中，除了要进一步深入探讨中国文化发展的学理脉络，更要求研究者进一步加强调研力度，将理论与实践充分结合，结合中国特色文化建设，构建更符合中国当代文化发展特点的指标体系。

综上，许多指标体系的科学性和严谨性不够，其实反映出在构建“中国文化发展指数”时，对“中国文化发展”这一根本概念的解析不够深入、理解不足。许多研究者在解构“文化发展”的概念时，简单地将“五位一体”“文化建设”等提法整体植入指标体系，并未厘清“文化”特别是中国现阶段的文化建设的基本内涵、组成要素和发展逻辑，因而作出的评价似有“囫囵吞枣”之感，就之于实证分析，各区域、省市的排名跟一般学界或公众的认知，时有较大的差距，这是值得反思的。

（二）指标体系的设置仍待完善，指标的涵盖面和兼测性还需再研析

指标体系的设置，直接影响到指数的可靠性和权威性。诚然，对于显示软实力的文化指标体系，比起其他一些有硬性标准的经济、社会指标体系而言，确实有不小的难度，而这种难度反映在研究团队的尝试上，就出现了指标设计畸轻畸重、指标体系主观性强、评测结果说服力不够的问题。

有的指标体系出于“可操作性”的考虑，更倾向于将文化投入、文化产出等容易定量考量的指标纳入，这样的结果是文化“硬件”的实力容易测评，而更具有影响力和功能的“软”实力难于判断，影响到评价结果的信度。实际上，文化发展包含丰富的维度，在评测中将容易获取的客观数据直接纳入，降低了构建指标体

系的难度，同时增强了指标体系的客观性，但是，如果对于文化软实力功能发挥的评判不足，会直接导致“以文化人”这一文化的最大、最核心的要素评价。一些文化指标体系在选取指标时过分强调“可操作性”，大量从现行年鉴、统计公报、数据库等直接选取已有数据，缺乏对数据的分析、加工，也没有认真考虑这些数据与文化发展程度的互洽性和关联度，其指标体系的构建呈现“为指标而指标”的态势。

有的指标体系热衷于区域和城市排名，没有充分考虑各指标的影响因子，虽然花很大篇幅来对评测结果进行了排名、分析，并以此为依据进行了相当程度的政策反思和发展预测，但其分析结果在相当程度上参考价值不高。主要原因在于，对于文化发展评测的基本认识有一定偏差。建立一套评价文化发展的指数，虽然要包含对于现实政策的评价、反馈，但显然这不是该指数的唯一功能，否则，文化发展指数与政府行政考核指标体系的边界就模糊了。从实际操作中，我们可以看到，有些文化指数对国内大面积、大区域进行横向比较，却不充分考虑各地文化基础资源、经济发展水平、社会需求程度的差异，一味以“数字说话”，往往导致主客观认识差距过大，也没有真正反映出国内各大区域、各区域内部文化发展不均衡的原因，进而导致建立在这些指数基础上的政策反思和对策建议，并不十分“接地气”。

有的指标体系对指标的选取过于狭窄，从结构上看，大多只反映了当前文化部门、宣传系统和个别经济部门（涉及文化经济方面）的指标。这类指数在构建中所暗含的理论基础，是将“中国文化发展”理解为中国“宣传文化系统”发展（至多加上个别文化产业指标），仍停留在计划经济时代以行业和部门为分野的概念中，相当多的指标、数据直接指向了以文化部门为主的各个部门发布的统计公报和年鉴中，很大程度上只是将分散于各部门、各行业、各领域的官方数据作了一次汇总，尽管从文化建设责任主体的评价上看不无裨益，但从全局看，其评测结果并不能很好反映区域文化发展的综合水平，其指数排位和评测分析难免失于偏颇。

还有的指标体系在设置时没有充分考虑各指标之间的涵属关系和兼测兼容性，往往将同类或相近的指标堆砌在一起，给人以叠床架屋之感。或许出于“精准”“客观”方面的考虑，有些指标体系在评价同类问题中选取了大量近似指标。比如，针对公共文化服务，有的指数选择人均文化馆（站）面积、博物馆藏品数量、人均拥有公共图书藏书册数、群众文化机构组织文艺活动次数、国内演出观众人次、每万人高校学生数量、高中毛入学率、小学师生比、文化文物部门所属机构总收入、人均文化事业费等多个指标。但细究便可发现，这只是将统计年鉴中的统计项目遴选了部分作为指标，却又有不少的近义内容——类似“群众文化机构组织文艺活动次数、国内演出观众人次”“每万人高校学生数量、高中毛入学率、小学师生比”——这种罗列看似全面，但其评价内容其实高度类似，其区分度并不明显。这种指标设计，其评价效度不足，只是简单叠加，意义并不大。有的指数更喜欢将这种细化的琐碎指标进一步拆分，在指标体系中不断加入新的指标，使得评测更加纷繁复杂，其实这并不意味着指标体系的精细化，往往还可能起到相反的作用。同样以公共文化服务评价为例，有的指数中将“博物馆陈列展览数、公共图书馆人均藏书量、文物藏品数、全国重点文物保护单位保护维修项目数、群众文化机构文艺活动场次、艺术表演团体演出场次、艺术表演场馆演出场次”等指标共同构成，但实际上，用“博物馆陈列展览数、文物藏品数、全国重点文物保护单位保护维修项目数”3个指标来衡量文博事业的发展，既不能反映文博机构硬件建设的规模，也不能反映地方文博活动的活跃程度（因为各地基础资源禀赋不一致），所以虽然指标多，但并不能很好地反映区域文博事业的发展状况。同理，其中的“群众文化机构文艺活动场次、艺术表演团体演出场次、艺术表演场馆演出场次”3个指标试图反映群文演艺活动的发展状况，但三者只是涵盖了群文演艺的一个小方面，叠加在一起也无法很好的概括。出现这种情况的原因，主要是许多文化学者在建立指标体系时，对指标设计还有一定的陌生感，没有更多地采用兼测性更强的指标，用较少的、覆盖面更广、代表性更强的指标来反映区域文化发展。

更重要的是，除了浙江CDI指标外，各指标体系都缺乏评价体系中重要的指数环节——主观指标，对本身就有很强的软性特征的文化指数而言，这不能不说是一大缺憾。

第三节　中国文化发展指数研究的未来走向

经过几年的理论构建和实践操作，参照国内相关学者和机构对文化发展所进行的研究和实践，我们认为，“中国文化发展指数”呈现两大发展走向。

一　简单化、精细化、客观化是中国文化发展指数的必然要求

从指标体系的构建角度来看，研究分析“中国文化发展”这一概念，评价“中国文化”在区域的建设成就。根据设置指标体系的惯例，评测的层级与评价指标的数量成反比，评价的层级越高，评价的指标就越少。所以，联合国人类发展指数（HDI——Human Development Index）[①] 就只用了3个指标——预期寿命、成人识字率和人均GDP的对数（基于购买力平价法计算的）来衡量各国发展水平。

同理，要对中国文化的整体发展作出评价，目前看来，不宜更多地使用细分的指标。尽管我们在建立“中国文化发展指数”指标体系时，选取了相当数量的二次数据和兼测指标，但是我们仍然认为，这套指标体系仍存在精简的空间。至于其他一些指数体系动

① HDI是由联合国开发计划署（UNDP）在《1990年人文发展报告》中提出的，用以衡量联合国各成员国经济社会发展水平的指标。

辄五六项一级指标，几十项二三级指标的做法，我们认为，鉴于中国的现实国情（幅员辽阔、经济社会发展程度差异大），这样的细化并不能说明问题，反而容易掩盖问题。

简单化、精细化地选择指标并不是说单纯从数量上减少指标体系中各级指标的存在，而是要深入研究各个指标的内涵，找到可以反映文化发展内在逻辑的综合性、兼测性指标，提倡通过计算来得出指数，这样既减少指标体系的层级，避免无谓的指数叠加，又能有效地反映出文化发展的现状。简单化，就是要化繁为简，不要过多拘泥于文化建设的事务性工作，不单一地选取某个剖面或某个任务节点作为参考要素，而是将涵盖某一方面的内容集中概括后，选取最能反映该方面发展水平的指标，抓大放小，不陷入琐碎的细节中，导致一叶障目不见泰山。精细化，则是充分考虑现有数据的基础，通过学理分析和数据推演，采信符合文化发展的理论与实践、具有精准指向的指标和相应的数据，来展示文化发展的面貌。特别需要指出的是，精准化指标设置，需要搜集大量的基础数据，通过合理的数据模型来论证、验证指标的合理性，在未来大数据、物联网普及的情况下，这一工作更加必要，也更可行。

举个例子，对于文化投入，如果选取文化投入经费的绝对值作为指数，广东、山东、四川等经济、人口大省在可以预期的未来，一定碾压诸如宁夏、贵州乃至于天津、北京等地，但这种指数的信度是有问题的，文化投入的绝对值多并不意味着文化经费的充足(且不用说还要考虑地区物价的差异)，更不意味着文化经费使用的合理。因此，在文化投入上，选取“文化事业费占财政支出的比重”，更能反映各级政府在文化投入中的重视度，以及在当地经济社会发展中，文化建设所拥有的“话语权”。进一步的，今后如果采用“人均文化事业费”与政府财政支出中人均民生支出的数值来作比较，可能更能直观地反映政府对于文化建设经费的投入力度，也能间接反映居民享受公共文化服务的水平。

同时，“客观化”的指标评价也需要更多地应用于指标体系中。所谓客观，一是强调指标和数据的客观性（当前主要通过公开公布的各种调查统计数字来实现）；二是通过独立的调查来获得。现有的各版本指数，在选取评测数据时，往往在“客观性”上做得很好，大量数据都来源于可靠的年鉴、公报；但是在指标设计上，有的指数、有的项目设计就显得不够客观准确。其实，这还是大数据使用不足导致的。如果将基于理论探索的数据模型，通过大数据先行遴选甄别后，将最有价值的数据整理为完整的数据链，比一般的研究中只采取德尔菲法确定指标，要更具权威性和说服力。就目前看来，各类“中国文化发展指数”还缺乏居民对文化建设的满意度评价，换言之，完善作为指标体系重要组成部分的主观指标，这是下一步需要着力构建的方面。特别需要注意的是，所谓“主观指标”，是指在设计指标体系时，反映居民满足感的主观感受的指标，但这一指标的获得，必须通过可信的独立的第三方机构调查，实现指标的“客观化”。

二　综合化、兼测化、全面化是中国文化发展指数的优化路径

如果我们跳出现有“中国文化发展指数”的框架，思考中国文化的建设，可以感觉到，现行的各种指数，无一不是建立在“文化事业”“文化产业”两者基础上的、基于我国长期以来宣传思想文化系统的“文化”发展指数，而这恰恰限制了我们更进一步思考文化发展程度的全面性。

文化有“大文化”和“小文化”之分，而在中国，即使是“小文化”概念中的组成部分，也往往分属于不同的部门。这种人为的分割，造成了我国学者对文化指数的边界探究的较为狭窄，而实际上，文化的边界完全可以更辽阔一些。如果以联合国人类发展指数（HDI）作为参照，我们可以将“中国文化发展”的内涵定义得更加宽广，特别是将与文化密切相关的教育、卫生等因素纳入文化指标体系中来，形成综合性的文化指数。或许有学者会指出，这种跨越多个领域的“文化发展指数”会存在先天缺陷，特别是

会缺乏足够的“可操作性”——而这，是建立指标体系的最重要的因素之一。①

下一步研究中，以“兼测指标”和“二次数据”为主的指标设计和数据计算，是需要重点关注的。所谓“兼测指标”，是指可以通过一个项目，来反映多个方面内容的指标。这种指标最大的特点，是往往不能从现有的统计材料中直接得出，需要从学理出发，结合实践经验，甄选出涵盖某一方面的最具代表性的指标。兼测指标重在广覆盖，一定要通过详细的论证和严密的计算，才能找出更具代表性的指标。所谓“二次数据”，是指需要经过计算、分析、综合统计等才能得出的指数，不能从统计公报和年鉴上直接找到。我们在研究中，为保证结果的代表性、客观性和可靠性，在选取指标时，对一些指标作了较多论证，很多指标的数据都要经过两次甚至更多的计算才能得出，同时，为了保证评价的准确度，相关研究需要不仅详细阐释构建指标体系的学理思路和逻辑结构，也需要尽可能详尽提供涉及所有指标结果的原始数据来源，来更清晰地呈现作者的思路，令读者更好地理解“中国文化发展指数”的价值。

我们认为，对于现行指标体系而言，这样的尝试可能会有一定的风险，特别是在运行的初期在指标数据的寻找上会有一定的困难。但是，我们更希望，要建立一个富有新时代中国特色的，内涵清晰、外延明确、针对性强、特色鲜明的“中国文化发展指数”，先从文化发展的自我属性和内在逻辑出发，将教育、科技、文化、

① “可操作性”是建立指标体系的重要原则，但它不应该妨碍学界对指标体系本身科学性的追求和研判，更不能因为指标的获取难度，选择一些较为容易获取的、现成的指标来简单搭建一个指标体系，那样只会因噎废食。其实，一个好的指标体系会反过来影响数据统计、搜集和关注的方式方法，文化领域内，一个比较突出的例子，是国内关于文化产业统计的情况。2004 年，国家统计局出台了《文化及相关产业分类》（国统字 2004—24 号），但逐渐国内各省区市自己各自为政建立了一套“自说自话”的统计标准，使得国内区域之间的文化产业统计无法比较。2012 年，国家统计局在综合调研的基础上重新出台了《文化及相关产业分类（2012）》，并以此为依据发布年度报告《中国文化及相关产业统计年鉴》，这使得国内各省级区域文化产业发展有了相对统一标准的评价依据。这即是很好的一例由概念研究导致的统计工作重新洗牌并更新的案例。

卫生等领域的兼测性指标甄选出来，组成可以反映区域综合软实力的文化指数体系——这可能更能代表以“软实力”而著称的文化力，在区域经济社会发展中的地位和作用。

主要参考文献

毕小青、王代丽：《基于“钻石模型”的文化产业竞争力评价方法探析》，《华北电力大学学报》（社会科学版）2009 年第 3 期。

《邓小平文选》第二卷，人民出版社 1994 年版。

佛罗里达：《创意阶层的崛起》，司徒爱勤译，中信出版社 2010 年版。

弗朗索瓦·佩鲁（Francois Perroux）：《新发展观》，张宁、丰子义译，华夏出版社 1987 年版。

“构建文化强省（市）指标评估体系研究”课题组：《文化强省（市）指标体系：逻辑演进抑或多维评估》，《改革》2011 年第 11 期。

顾乃华、夏杰长：《我国主要城市文化产业竞争力比较研究》，《商业经济与管理》2007 年第 12 期。

国家统计局：《文化及相关产业分类 2012》，http：//www.stats.gov.cn/tjsj/tjbz/201207/t20120731_8672.html。

何平：《中国和西方思想中的“文化”概念》，《史学理论研究》1999 年第 2 期。

胡惠林：《2013 中国文化产业发展指数报告 CCIDI》，上海人民出版社 2013 年版。

胡惠林：《我国文化产业发展战略理论文献研究综述》，上海人民出版社 2010 年版。

胡锦涛：《坚定不移沿着中国特色社会主义道路前进，为全面建成小康社会而奋斗》,《人民日报》2012 年 11 月 18 日。

胡南:《国家软实力的指标体系研究》,《长春工业大学学报》(社会科学版) 2010 年第 1 期。

胡攀、张凤琦:《从国内外文化发展指数看中国文化发展指数体系的构建》,《中华文化论坛》2014 年第 7 期。

胡适:《我们对西洋文明的态度》,《东方杂志》第 23 号 (1926 年), 第 17 号。

胡一博:《全国主要城市文化产业竞争力水平比较与评价》,《中国商贸》2009 年第 15 期。

花建:《文化产业竞争力》, 广东人民出版社 2005 年版。

黄南珊:《大力营造良好文化环境, 加快建设现代环境文明——近年来国内文化环境研究的新进展》,《学术论坛》2003 年第 5 期。

《建国以来毛泽东文稿》第 13 册, 中央文献出版社 1998 年版。

江畅、孙伟平、戴茂堂主编:《中国文化发展报告 (2014、2015)》, 社会科学文献出版社 2015、2016 年版。

江泽民:《高举邓小平理论伟大旗帜, 把建设有中国特色社会主义事业全面推向二十一世纪》, 人民出版社 1997 年版。

蒋建梅:《政府公共文化服务体系绩效评价研究》,《上海行政学院学报》2008 年第 9 期。

克鲁伯编 (A Krober ed):《今天的人类学》(*Anthropology Today*), Chicago: University of Chicago Press, 1953 年。

克鲁伯和克拉克洪 (A. Kroeber & Kluckhohn):《文化, 对其概念和定义的评述》(*Culture, A Critical Review of Concepts and Definitions*), Papers of the Peabody Museum of American Archeology and Ethnology, 第 47 卷第 1 期, 1952 年。

李国泉:《习近平文化建设思想论纲》,《理论导刊》2016 年第 1 期。

李昆明:《通向大国之路的中国文化发展战略》, 人民日报出版社 2009 年版。

李少惠、尹丹：《公共文化建设评估体系的建构及其应用研究》，《科学·经济·社会》2010 年第 4 期。

李醒民：《论文化的固有特征和研究进路》，《社会科学论坛》2005 年第 7 期。

李志、李建玲、金莹：《国外文化强国评估指标的研究现状及启示》，《重庆大学学报》（社会科学版）2011 年第 4 期。

理查德·佛罗里达（Richard Florida）：《创意阶层的崛起》（The Rise of Creative Class），New York：Basic 2002。

利奇温：《十八世纪中国与欧洲文化的接触》，朱杰勤译，商务印书馆 1991 年版。

联合国教科文组织编：《世界文化报告》（1998，2000），关世杰译，北京大学出版社 2000、2002 年版。

罗锐华：《论文化发展视域中文化环境的要素构成形态》，《中华文化论坛》2014 年第 7 期。

《马克思恩格斯全集》第 3 卷，人民出版社 1960 年版。

马志政：《论文化环境》，《浙江大学学报》1999 年第 2 期。

毛少莹等：《发达国家的公共文化管理与服务》，《特区理论与实践》2007 年第 2 期。

《毛泽东著作选读》（下册），人民出版社 1986 年版。

倪鹏飞：《中国城市竞争力报告》，社科文献出版社 2007—2010 年版。

彭翊：《中国城市文化产业发展评价体系研究》，中国人民大学出版社 2011 年版。

祁述裕：《国际文化竞争力与中国文化产业的发展》，《国家行政学院学报》2001 年第 5 期。

上海高校都市文化 E—研究院：《2011 年全国 31 个省市自治区公共文化服务指数蓝皮书》，商务印书馆 2012 年版。

上海市文化研究中心、上海市文化事业管理处、市统计局：

《上海城市文化发展指数》，研究报告，2008 年。

上海艺术研究所《上海城市文化发展指标体系研究》课题组：《上海城市文化发展指标体系研究》，研究报告，2005 年。

《十八大以来重要文献选编（上）》，中央文献出版社 2014 年版。

陶东风、周宪：《文化研究：第 11 辑》，社会科学文献出版社 2011 年版。

王婧、胡惠林：《我国文化国情的几个基本特征——基于中国文化发展指数体系（CCDIS）的测评分析》，《华中师范大学学报》（人文社会科学版）2017 年第 2 期。

王岚、赵国杰：《基于 ANP 的地区文化产业竞争力评价模型与指标体系》，《科学学与科学技术管理》2008 年第 7 期。

王文峰：《中国区域文化产业战略定位研究》，云南人民出版社 2014 年版。

王小毅、谢荷锋：《区域软实力及其综合评价体系研究》，《技术经济》2007 年第 6 期。

王毅：《文化产业竞争力评价方法与测度分析》，《求索》2007 年第 2 期。

王颖：《浙江省文化产业竞争力对比分析与思考》，《经济研究导刊》2008 年第 10 期。

王玉德：《文化学》，云南大学出版社 2006 年版。

邬书林：《全面发挥文化的社会功能，推动社会主义文化大发展大繁荣》，《新华文摘》2008 年第 9 期。

习近平：《建设社会主义文化强国，着力提高国家文化软实力》，新华网，2013 年 12 月 31 日。http：//news. xinhuanet. com/politics/2013 - 12/31/c_ 118788013. htm。

习近平：《意识形态工作是党的一项极端重要的工作》，http：//politics. people. com. cn/n/2013/0820/c1024 - 22634056. html。

习近平：《在文艺工作座谈会上的讲话》，《人民日报》2015

年10月15日。

向勇：《文化立国，我国文化发展新战略》，北京联合出版公司2012年版。

向勇、喻文益：《公共文化服务绩效评估的模型研究与政策建议》，《现代经济探讨》2008年第1期。

许嘉璐：《什么是文化——一个不能不思考的问题》，《中国社会报》2006年6月2日第2版。

杨知勇：《归属感、认同感和历史选择——论文化的民族性与时代性》，《文化研究》1989年第3期。

叶剑英：《在庆祝中华人民共和国成立三十周年大会上的讲话》，《人民日报》1979年9月30日。

叶丽君、李琳：《我国区域文化产业竞争力评价与差异分析》，《科学管理研究》2009年第3期。

英国创意产业经济评估报告（Creative Industries Economic Estimates）[EB/OL]. 英国文化、媒体、体育部官方网站，http://www.culture.gov.uk/what_ we_ do/creative_ industries/default. aspxJHJArts。

袁卫、彭非等：《中国发展指数（RCDI）编制研究报告》，研究报告，2007—2010年。

张凤琦：《新时期文化发展战略的演变》，《当代中国史研究》2009年第3期。

章剑华等：《江苏文化强省指标体系研究》，研究报告，2008年。

中国城市竞争力研究会：《GN中国城市综合竞争力评价指标体系》，研究报告，2002—2010年。

《中国共产党第十六次全国代表大会文件汇编》，人民出版社2002年版。

中国人民大学文化创意产业研究中心：《中国省市文化产业发展评价体系》，研究报告，2010年。